Oscar Huitrón

TU MENTE HABLA Y ESCUCHA.

Conocimientos, Datos y Experiencias.

Oscar Huitrón.

Independiente.

TU MENTE HABLA Y ESCUCHA.

Este libro está inspirado en todos aquellos que me han otorgado la sabiduría para escalar cada vez más alto.

Estas personas están mencionadas en esta lectura.

Sabios en sus materias que estaría de más mencionarlos.

Edición ©2019

Oscar Huitrón

Independiente

Oscar Huitrón

Índice

INTRODUCCIÓN 5
¡Genial lo estás leyendo!! 8
La mentalidad ¿La tienes? 14
El valor fantasma: 19
Palabras Mágicas: 22
El conocimiento te da más 25
Sonrisa y poder 27
Tu mala atención te mata 28
La publicidad. 30
La compra 33
Las ventas. 36
La innovación: 41
La Imagen de poder: 45
Lenguaje no verbal: 50
Las Voces: 53
Micro Expresiones: 54
Fracaso empresarial 67
Los genios de la industria 71
Tips no verbales 74
NeuroMarketing: 78
Neurotips 88
¿Me hablas a mi o a ella? 92
La nómina: 97
Contacto con Marketing. 109
Del recuerdo al odio hay un paso: 117

TU MENTE HABLA Y ESCUCHA.

Hablemos con tu cuerpo (otra vez) 121
Aumenta tus conocimientos y tu salario. 123
Te han invitado a un evento formal. 130
¿Los compraras tan caro? 139
Marketing Sensorial: 144
Redes sociales: 161

INTRODUCCIÓN

El saber es poder y la información que estas a punto de leer te dará los conocimientos que muy pocos saben.

Este libro te dará las herramientas en Neurociencias, lenguaje corporal, imagen y percepción. Áreas que están relacionadas en cómo es que realiza una "comunicación en tu cerebro" con el de los demás a tu alrededor.

El cerebro no es un misterio como hace décadas, sin embargo, saber conectar con él es la manera de lograr obtener una ventaja para lograr llegar a tus objetivos.

Vamos a ver temas como: El significado de los colores, entrevistas de trabajo, publicidad para un producto, leer el rostro de las personas hacia ti, vestimenta de poder y muchos temas más.

Considera que el poder conlleva a lograr lo que buscas sin parar, no dejar rendirte y si logras esa meta con los conocimientos que te otorgo tendrás un gran éxito.

El éxito es el resultado de tu dedicación ante cada obstáculo y cuando llevas tiempo manteniendo ese éxito reflejaras en tu imagen personal el conocimiento para resolver dilemas en cada área, incluso en lo profesional.

Cuando eres todo un experto en manejar el conocimiento que tu esfuerzo ha logrado con sudor y estudios, tu cerebro está listo para saber aún más. Por eso te dejo aquí una esquena que podrá explicarlo más fácil.

TU MENTE HABLA Y ESCUCHA.

No solo estás leyendo ciencias aplicadas, estás leyendo la experiencia, conocimientos y datos que he obtenido con el tiempo, los cuales me han hecho crecer en las dos fases: Personal y Profesional.

Una vez que logres acabar esta lectura, podrás observar como todo a tu alrededor se ve de manera más clara con cierta obviedad.

Oscar Huitrón

¡Genial lo estás leyendo!! Se nota que eres de lo que tienen una forma de pensar atrevida. Si estás aquí es porque tienes una lógica ilógica. ¿Te preguntaras que vas a aprender aquí? y la respuesta es muy fácil LO QUE TU QUIERAS APRENDER; Todos tenemos una forma diferente de aprender, obtenemos conocimientos según a lo que nos agrade y nos forme nuestra personalidad que queramos (bueno, aunque no queramos).

Todo lo que tú eres ¿Lo aprendiste o lo creaste? Normalmente siempre decimos así soy o así nací; Pero ¿en realidad naciste así? En el tiempo que vengo estando en esta tierra y analizando a la gente, he descubierto dos cosas: 1- Que no somos originales, todos tenemos alguna característica, maña o habito de alguien que te fue plantada sin saber que lo haría y 2- que, aunque somos el reflejo de alguien más aun así todo eso en tu cabeza es como una licuadora, mezclas todo y el resultado eres tú mismo.

La esencia es una parte genérica de cada ser que somos, cuando vivimos sale a relucir el ingrediente que nos compone o nos "implantaron" y por lo mismo buscamos a esos que contengan los mismos gustos o actividades que nosotros, creyendo que estamos definiendo nuestra imagen, solo que estamos sumando ingredientes de alguien más.

Somos lo que hacemos repetidamente. La excelencia no es un acto; es un hábito.
Aristóteles

¿Pero qué me dice esto? Que cada manía, acción o pensar es la parte que nos define. Como lo mencioné hace un momento, somos el reflejo de más de una persona. Entonces me atrevo a decir que somos el hábito de alguien más.

Pero la pregunta aquí es ¿El reflejo de quién eres? Eso es lo que debes definir porque toda cabeza es un mundo y todos reflejamos la idea de ser quien somos.

Un ejemplo más claro sin inclinarnos a un lado no ético, seria sobre las fantasías sexuales, todos en algún momento han tenido fantasías, pero ¿esas fantasías las crean o las plantan? Las personas que se dedican a ese trabajo explicito pasan su vida generando ideas fantasiosas para su tipo de consumidor.

Entonces la idea de los fílmicos lógicamente pasa a la cabeza del consumidor y de él a su círculo más cercano y así sucesivamente, entonces la idea fue planteada por el cine para adultos, por ende, dicha información fue unida a la cabeza de esa persona almacenándola en una "carpeta" donde se guarda todo respecto a este tema.

Otro caso menos fuerte seria el soccer, todo el mundo o la mayoría de él ama el soccer, pero ¿Por qué tanto amor hacia ese deporte? Mis ojos han observado que todos al ser seres inocentes sin problemas de vida o apenas entender que es el soccer, ya estamos siendo programados con la pasión del deporte porque así es la pasión en casa, ahí es donde principalmente te conviertes en el reflejo de alguien más.

Podrías tal vez ser una persona con gustos por la literatura, el arte, incluso hasta para poder escribir poemas, sin embargo, al estar en un radio que es apasionada por cierto deporte y no se diga equipo, estamos más expuestos a que se nos inculque ese deseo y para salir de ese ámbito deportivo tendemos a buscar un nuevo guía que nos demuestre el hábito de ser más poeta.

Ahora te estarás preguntando, ¿Entonces cuantas personalidades existen en realidad? Y yo podría decirte: Millones, todos somos seres independientes; A pesar de que ya vimos el punto de vista de que todos somos similares, pero nadie es igual a otro. ¿Confuso? Tal vez si...

Solo abordamos la información de los demás hacía nosotros, pero todos somos diferentes, tú eres diferente a tus hermanos, amigos, vecinos, compañeros...sin importar que tengan los mismos gustos, pero no las mismas personalidades.

Digamos que tienes a tu mejor amigo o amiga, se conocen de toda la vida, crecen juntos hasta llegar al punto que se vuelven familia.

Si bien, se quieren y respetan, yendo juntos en la vida te darás cuenta que en esos años de vida tuvieron sus diferencias, unas más fuertes que otras. Tal vez ñoñaban viendo Dragónball o Sailor moon pero cuando de vivir se trata cada quien tiene a su ser una imagen básica, que refleja la idea de que las cosas no deberían ser a su manera, lo cual es válido porque cada cabeza sigue siendo un mundo.

La ideología humana tiene que ver con la lógica de cada persona, todos manejamos a la vez una lógica que puede ser tu bandera con la que andas en estos caminos sobre la tierra creyendo que si tú ves un error y se debe corregir de cierta manera porque así lo crees, debemos considerar que pueden existir más de una forma de repáralo y esa información la posee la persona a tu lado.

Pero la realidad es que no somos tan lógicos como creemos. ¿O acaso haz hecho cosas que crees que fueron por lógica? Claro que no, todo tiene un sentido básico e irracional.

El cerebro, ha estado con todo ser vivo desde el tiempo de la "creación" por eso el cerebro humano es el más inteligente al menos en esta tierra; Pero sigue siendo básico.

Aquí vamos a ver porque nuestra lógica es ilógica ¿por qué hacemos lo que hacemos? o ¿por qué no lo hacemos? Porque cada vez que tomamos una decisión puede perjudicarnos o beneficiarnos.

Las acciones que tomamos día a día tiene que ver claro está, con el cerebro (por lo menos una parte de él) haa pero hablando del cerebro ese órgano misterioso y controlador tiene varias secciones que son las que nos hacen tomar decisiones de sobrevivencia, consumo y la manera de comunicarnos.

Para no extenderme mucho en esto porque me gusta recalcar que no soy neurocientifico ni nada parecido, solo soy alguien que te puede comunicar lo que sabe y entiende del cerebro. Entender mi lógica y compárala con la tuya y veras que somos iguales, pero completamente diferentes.

Podemos estar en una charla de política, religión, negocios etc, y no terminaríamos nunca, lo sé porque me ha pasado anteriormente donde se habla y habla para no llegar a ningún lado. Los datos que te puedo dar al igual que tú a mí son válidos para cada respuesta con una solución diferente por cada parte.

Toda ésta lectura que estás leyendo es con el fin de saber cómo fusiona tu cerebro, si es muy conocido en el área de neurociencias es que en los años 50 se publicó un libro que se llama EL PRINCIPIO DE LOS TRES CEREBROS escrito por Paul Maclean.

Este libro habla de cómo está conformado el cerebro, los cuales como dice el título del libro es en tres secciones. ¿Y cuáles son esas secciones dirás tú?

Todos sabemos que el cerebro tiene muchas más secciones que funcionan de manera distinta, pero nosotros nos vamos a enfocar en estas 3 zonas genéricas que abarcan toda esta sección con la finalidad de entender ¿por qué hacemos lo que hacemos? Incluso ¿por qué compramos dicho teléfono celular?

TU MENTE HABLA Y ESCUCHA.

Vamos a revisar de manera genérica ¿qué son y cómo funcionan estos cerebros? los cuales han aparecido con los siglos de evolución dándonos cada vez más la capacidad de hacer y comprender el mundo que te rodea, son todo un mecanismo neuronal que veras a continuación desde el primero que apareció hasta el que posemos actualmente.

1-Reptil: Suena ¿extraño? Lo sé, pero es un seudo-nombre que se le coloco a esta zona por tener una similitud con dichos animales. Esta zona que está ubicada en la base del cerebro y se une con el tallo de la columna con la finalidad de darnos la sobrevivencia que necesitamos en nuestro cuerpo y hacernos huir de una situación peligrosa.

Este cerebro es el que más maneja nuestra existencia por ser tan primitivo, es tan básico que si algo no nos parece adecuado puede hacer que la sangre se dirija a las piernas y estén listas para correr. Gracias a este individuo raptor hemos logrado sobrevivir a varias circunstancias de la vida, pero no solo eso, es el que nos ha hecho comprar ese producto básicamente por el factor miedo.

Así es, compramos por miedo, todo lo que compras desde una barra energética hasta un iphone se compra por miedo; Un estudio revelo que todo lo que compramos es 85% subconsciente, aunque la universidad de Harvard dice que es el 95%...Cual sea el porcentaje es mucho.

Tú puedes decir ¿Cómo es que una barra energética o un iphone pueden obtener mi dinero por miedo? La cosa es un poco más complicada la cual incluye un buen trabajo de ventas y mercadotecnia sin perder la función básica de este reptiliano ¿Tienes miedo de morir de hambre y quedarte sin energía en ese partido? Entonces comete una barra energética, ¡Listo! Haz comprado por miedo.

2-Emocional: Este tranquilo pero peligroso cerebro es el que se encarga como su nombre lo dice de las emociones. Aquí es donde hacemos un parte aguas ya que las mujeres tienen más desarrollado esta zona por lo que se les es más fácil comprender con mayor facilidad las cosas a su alrededor que los hombres, ¿o alguna vez has dicho, hay mi papá es súper emocional? ¿no verdad?

Digamos que este cerebro es el hermano de en medio, ya que está entre sus dos hermanos que se pelean por sub-existir. A este "hermano" se le atribuye la conexión que nos hace estar más conectados a alguna situación que nos haga tomar ciertas decisiones, en especial a las mujeres.

Si sabemos cómo funciona esta zona, podemos tener más éxito al realizar las ventas publicitarias que nos caen como bombas día tras días. Pero no desesperes que ya llegaremos a eso, se paciente.

3-Racional: Este es el hermano más joven pero grandote que creemos que tiene el poder sobre los demás, pero no es así, él ha evolucionado para ayudarnos a comunicarnos, manejar un auto, incluso a crear el gadget donde lees este texto. Contiene la información de gadget que usas o la app, lo técnico lo conoce este cerebro, pero no es el que decide comprar o descargar cierta tecnología por dar una idea.

Creemos que él es quien toma las decisiones de nuestras vidas, pero no está ni enterado de cómo funciona esto. Es cierto que es un cebero muy importante, sin él no haríamos nada de lo que hoy conocemos, pero si quieres saber más, te recomiendo que leas o busques en youtube sobre estas maravillosas creaciones, créeme que si te dedicas a entender cuál es cual y como funciona obtendrás resultados que no sabías que existían.

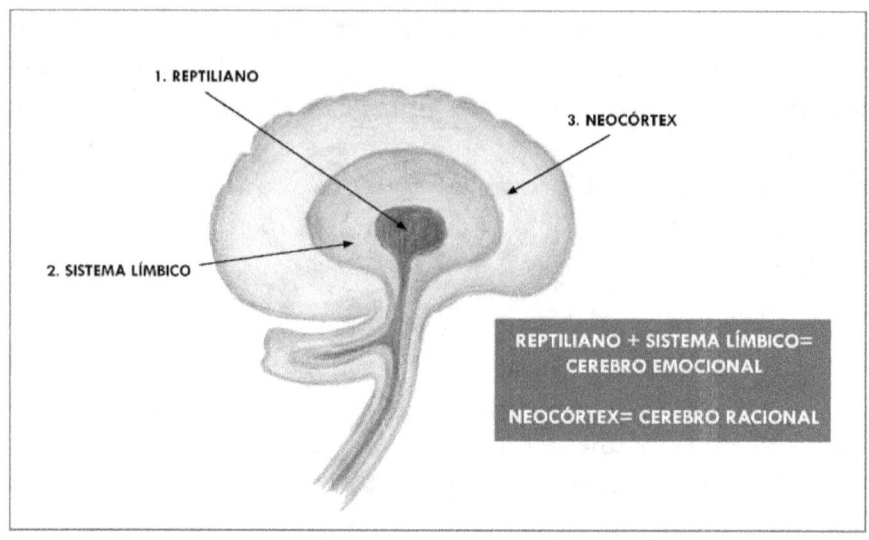

La mentalidad ¿La tienes?

Hablemos un poco del tipo de mentalidad que tenemos casi todos cuanto a éxito se refiere.

Según el Neuro-Comunicador Jürgen Klaric todos tenemos una mentalidad de pobre, el cual nos hace un "bloqueo" en nuestro cerebro que hace que no tengamos esa visión para llegar al éxito.

Según comenta, todo tenemos miedo al dinero ¿está loco dirás? Tal vez, pero analicemos este punto un momento para descubrir cómo lo hice yo que no está tan equivocado.

¿Cuantas veces no te han dicho tus padres o abuelos en algún momento que el dinero es sucio, que el dinero solo trae problemas? Seguramente haz observado en las calles a algún tipo en una hummer de lujo y seguramente todos en algún momento hemos pensado: Ese es narco seguro. ¿O que tal a tu vecino que tiene un carraso del año y a una mujer espectacular?

Y alguien ha dicho, ese hombre está haciendo algo indebido para tener todo eso que tiene, o ellas dirán: Seguro está con él por su dinero no tiene otra explicación.

¿En verdad es cierto eso que nos dicen? ¿A caso la única manera de tener dinero es ser narco o político corrupto? (como si hubiera de otros) …Estamos tan acostumbrados a escuchar esas frases que se grabaron en nuestra mente que la tomamos como otro ingrediente a nuestra lógica, pero ¿qué nos pasa? DECIMOS QUE EL DINERO ES UNA M@%&/"

Porque eso hemos aprendido, ¿Por qué no podemos decir: que bueno que le vaya excelente a ese tipo? O me gustaría ser amigo de ese hombre para que me enseñe el camino del éxito.

Eso me recuerda una historia donde yo al estar laborando en una empresa que hace mochilas y otros productos de marca infantil; En una junta con el director de la misma, nos contaba la historia de cómo fundo y logro el éxito que tiene hoy día.

Sobra decir que la empresa que maneja ha sido reconocida de entre las mejor 50 de México, y cuando acabó su relato esa mañana, mi mente cambió de una manera mediocre a una con visión, primero, deje ver al dueño como el que me llena los bolsillos cada mes, ahora lo veía como un ejemplo a seguir. Y segundo, decidí que algún día lograría un éxito como de él ya que se había convertido en ese momento en una fuente de inspiración.

Muchos hemos intentado lograr un éxito, pero tenemos una mentalidad de pobre al seguir con ese miedo al dinero y preferiríamos ser Godínez de por vida porque es más fácil. Ahí entra otro punto importante.

Llamemos a esto: el punto binario, porque en mi experiencia y seguramente tú lo has notado en las casas y escuelas, nos programan desde cero dándonos una enseñanza de que debemos

TU MENTE HABLA Y ESCUCHA.

ser buenos estudiantes para conseguir un buen empleo. Pero nunca (desde que estuve en la carrera) se me enseño como ser un hombre de éxito, como lograr tener mi propia hummer obtenida de saber manejar un negocio propio.

Está el caso de la chica que se hizo famosa: La Mars, ella dejo la preparatoria comentando que el sistema era retrograda e ineficiente (en cierta parte le doy la razón). Ella cree que como los genios de grandes marcas como: Steve Jobs, Mark Zuckerberg o Bill Gates no necesitaron ser moldeados para lograr sus sueños no es importante los estudios.

Tal vez ella tenga razón, pero analicemos un punto importante ELLOS DEJARON LA UNIVERSIDAD, en este caso, debes seguir tus sueños pero con una base, no digo que dejen la escuela pero se necesita un conocimiento para lograr a donde quieras ir, necesitas aprender a sumar.

Esto nos lleva a pensar que si tenemos una mentalidad mediocre (sí, todos la tenemos) y al tener esta mentalidad nos lleva a tener la mentalidad de pobre. Para ser ricos debemos cambiar esa mentalidad y claro esta echarle muchos blanquillos al pastel para que quede como uno lo desea.

¿Y porque se llamó el punto binario? Porque las computadoras tienen una programación básica y compleja desde su creación teniendo y haciendo lo que todos quieren que haga.

Podrías decirme ¿Y qué tiene que ver con que el temor al dinero? Mi respuesta sería: Si no le tuvieras miedo, ya tendrías mucho dinero. Pero el miedo hoy día es ¿Qué dirá la gente? ¿me pedirán dinero prestado? ¿me raptaran? Bueno si es tu pensar mejor ni busques tener éxito, y quédate trabajando para los sueños de otros al fin que ellos no les importa nada más que lograr sus objetivos.

Yo he pasado por muchos empleos, Godineando por aquí y por allá siempre con quejas y sin felicidad absoluta. Pero desde esa platica con el director de la empresa de mochilas me he dedicado a pensar como ellos…poner un negocio, se fue en picada, bueno el que sigue y el que sigue; Pero no he quitado el dedo del renglón hasta que lo logre. Si lo hizo el Coronel Sanders cuando fundo KFC a sus casi 60 años que no lo haga yo…o tú….

Solo debemos sacudirnos y aventurarnos, es cierto que no será fácil, ni tranquilo y no harás millones al instante. Pero la dedicación y el abrir tu mente a ideas nuevas y conocimientos pueden serte de mucha ayuda.

En un estudio se revelo que al 90% de la población mexicana no le gusta donde está trabajando y que el 70% lo odia. Pero que en su momento se toman esos empleos, como me ha pasado a mí. Terminas en un empleo con gente doble cara, los que te pisotean o no te apoyan. Con jefes que no te compran ni un lápiz para que hagas tu trabajo.

En mi pensar, considero que todos estamos allí porque no hemos encontrado esa pasión que nos haga levantar cada mañana. Hemos tenido que aceptar empleos para pagar las cuentas; Porque claro ¿Quién las pagará por nosotros?

En una ocasión me he preguntado ¿si no es demasiado tarde para aprender y hacer algo nuevo? Claro que no, como ya te lo menciones el Coronel Sanders lo logro, la idea es quitarte ese mal pensar y lanzarte a lograr eso que quieres.

Un tiempo me acerque a una empresa que se dedica a la publicidad y a la impresión de grandes formatos. Me encontré con el dueño que era un chico como 5 años menor que yo o eso creí, alguien que por jugarreta del destino si lo quieres ver así lo tenía enfrente.

TU MENTE HABLA Y ESCUCHA.

El puesto que me ofrecían era de diseñador gráfico, pero lo curioso fue que no me estaban entrevistando para ese puesto, me estaban "vendiendo" el puesto. Este joven dueño solo me hizo 3 preguntas de mi experiencia laboral, pero toda la hora que estuvimos juntos en esa habitación fue que el me trataba de convencer ser parte de su cadena de publicidad dándome información de los beneficios de ser parte de su equipo.

Lo que note fue que mi cabeza ya no está hecha para ese tipo de empleos, con horarios exagerados de trabajo, matándose 6 días por un salario poco favorable para mí. Incluso se me habló de obtener grandes ganancias rápidas en poco tiempo, cosa que con la experiencia que tengo era poco creíble.

¿Qué tiene que ver esto con todo lo que hemos estado viendo? Que lo curioso es que él tenía la misma mentalidad o mayor que la mía con respecto a tener un negocio y éxito independiente. Me daba su pensar y sus puntos de vista, los cuales yo ya tenía en mente, alguien que compartía el mismo sueño que yo (solo que él ya lo estaba realizando).

Entonces se me vino a la mete la idea de: ¿Por qué debo estar trabajando para alguien que tiene la misma ideología que yo? Yo quiero lo mismo y no voy a lograrlo haciendo realidad los sueños de alguien más. Hasta me hablo del fílmico: Hambre de poder, que chistoso, cada vez más me convencía que ese empleo no era para mí. Que, si quiero lo mismo o más, debo dedicarme a lo que yo y tú queremos. Entonces le di las gracias por haberme recibido y me marché a planear mi propio futuro empresarial.

¡Deja de pensar y ponte a hacer!

Jürgen Klaric

Oscar Huitrón

El valor fantasma:

Te has preguntado ¿cuál es el éxito de esas marcas tan exageradamente exitosas que encuentras en cada esquina, esas que te hacen ir una y otra vez para consumirles sin saber cómo hacen eso?

Bueno el valor de cada producto o servicio tiene una trabajo muy complicado y bien pensado a la vez. Pero el producto es una cosa y el verdadero negocio de algunas marcas es otra.

Hace unos días, me puse a ver una película que se llama THE FOUNDER que trata sobre la historia de Mc Donald's. Solo para darte una idea, es la historia de la marca y como el fundador logro lo que hoy conocemos como esa cadena de comida rápida que tanto gusta a la gente.

Después de verla me puse a buscar la historia real y básicamente manejan la misma historia, y digo manejan, porque el cine siempre cambia muchas cosas.

Entonces es cuando me di cuenta de que toda marca tiene un valor agregado fantasma. ¿Oye Oscar, pero cuales el valor agregado de ésta empresa? Y con gusto te daré una respuesta sencilla.

Lo que no sabes y podrás entender con esa información es que Mc Donald's no se dedica a la venta de hamburguesas ¿cómo? Si eso es lo que venden en sus establecimientos (seguro te llego un pensamiento similar) y sí, eso venden, pero estamos hablando de su valor fantasma y es el que le dio su éxito económico, ok, aquí está la respuesta que no creerás porque esa marca se dedica a los

TU MENTE HABLA Y ESCUCHA.

bienes raíces. Así cómo lo lees, esa gran compañía si empezó vendiendo hamburguesas y malteadas pero su verdadero giro son las tierras. No por eso generan millones cada año con cada establecimiento que tienen.

O que tal Starbucks, esa famosa cadena de cafés que vuelve locos a todos sin importar los precios que les ofrecen. Porque aceptémoslo, es solo café… Haa pero no cualquier café, esa es una historia muy interesante que te recomiendo que busques, seguro te quedaras con cara de wow al saber cómo se fundó y como es lo que es hoy día.

Lo que nos interesa de esta compañía es su valor fantasma, porque lo tiene y se agrupa en dos partes. Lo que he logrado observar es que la gente muy rara vez compra su bebida y se va con ella, que en un principio era la idea de la marca.

Pero lo que he visto es increíble y un buen manejo de la comunicación a nuestros cerebros y lo que nos están vendiendo normalmente no lo notamos, esta frente a nosotros y no lo vemos u olemos.

Así es, tal vez ya estas imaginando de que vamos a hablar, de imagen ambiental. Aunque no soy un experto en ésta área. Con mis conocimientos en diseño y neurociencias podemos darnos cuenta de lo que está pasando en esas instalaciones.

Si te has parado más de una vez por esas cafeterías te darás cuenta de algo, que todas las instalaciones son diferentes a excepción de una cosa… el ambiente generado.

La Imagen ambiental de esos establecimientos está generado apropósito para tu consumo y comodidad. Fue de las primeras cafeterías que coloco sofás y mesas para que te quedes allí pasando un rato agradable o hacer negocios ¿quién no lo ha hecho?

Otro factor muy importante la cual está incluida en la ciencia es algo que normalmente pasamos por alto, y es el olor. Está comprobado que la parte del cerebro que controla el olfato tiene más memoria que cualquier otro sentido. Por eso cuando tomas el suéter de tu pareja y llegas a olerlo piensas en esa persona. O las fragancias que alguien más tenga "te llevara" con esa persona especial sin importar el tiempo que tengas sin verla.

Entonces, cuando entras y puedes oler el café tan delicioso que se antoja, tu cerebro busca ese "archivo" de olor y te hace liberar endorfinas y dopaminas que son las células del placer.

Un extra que podría agregar para cerrar este círculo es lo mismo que nos vende Apple con sus Iphone. Tú dirás, claro que no.. pero si, lo lamento, lo que nos venden y estamos comprando es: ACEPTACIÓN DE LA MANADA Y/O STATUS SOCIAL.

Así como suena esta frase, estamos consumiendo el ser parte de un grupo selectivo de personas que podemos "presumir" de tener un status social favorable, que quiere ser parte de la manada como lo dictaría el cebero reptil siendo aceptados y adoptando su imagen y lenguaje para evitar ser desplazados. Si no fuera así tendrías un teléfono muy arcaico.

Si has notado todo esto y sigues comprando, que bien, le das gusto a tu cerebro reptiliano, pero no es para nada malo, ese cerebro siempre gana sobre los otros dos, nunca podrás controlarlo, pero es notable que las compañías ataquen por ese lado de tu cabeza.

Ahora bien, ya notamos que tipo de cerebro tenemos, como funciona, como lograr deseo a lo que hace que compremos todo sin importar el costo ya que pasa a segundo plano, sumándole a toda esta información que te estoy compartiendo para lograr entender el lenguaje de tu mente faltaría un detalle especial para lograr tu regreso a esa marca.

El poder más grande en mi experiencia sobre el consumo de algún producto, servicio y/o marca es el DESEO y este hoo hermanos míos es el santo grial de la neuro-mercadotecnia o neuro-ventas.

Si deseas algo con mucha fuerza como les pasa a las damas con los zapatos, créeme que y me darás la razón si eres mujer, el costo no las detiene para obtener esos Alexander McQueen de temporada.

Palabras Mágicas:

En nuestras casas nos enseñan a decir palabras que al final se convierten en mágicas, esas que nos abren las puertas y nos dan una mejor precepción ante los demás: Por favor y Gracias.

Pero no, aquí no vamos a hablar de estas palabras, aquí vamos a tratar algo un poco más sensorial pero no muy complicado de entender.

Tú quieres aprender algo nuevo por eso Tú estás leyendo este libro. ¿Sabías que Tú y mucha gente vivimos en un "control" de las ventas? Tú no imaginas lo difícil que es llevar un producto al éxito.

Claro ya lo dedujiste, una de las palabras más influenciables es la palabra TÚ. Es cierto, aquí el Neuro-Comunicador Jürgen Klaric la llama la palabra de poder. De todas las que existen que pueden funcionar la palabra TÚ, a demostrado tener mayor impacto a la gente al momento de vender algún producto o servicio. Así que te recomiendo que la uses, te puede servir hasta para conseguir novia.

Es muy común que algunas compañías utilicen estas otras palabras magicas las cuales nos despiertan la atención para saber que queremos consumir, es muy grato poder escuchar GRATIS y PROMOCIÓN. Todos adoramos estas dos palabras ¿y quién no? Si nos están dando un beneficio al consumirles a esas marcas, es como darnos una gratificación por estar siempre con ellos.

Así que, si tienes clientes que han estado ahí contigo o están empezando en creer en ti, tomate el tiempo de darles una gratificación y es seguro que están por mucho más tiempo. Dando un servicio extra a bajo costo, un 2x1. Incluso un detalle gratis que los haga sentir especial.

Cuando se empieza o ya se tiene un proyecto marchando el cual está batallando por no hundirse es importante claro, tener clientes, aún más importante hacer que regresen y no sean de una sola compra.

¿Qué es lo que te pertenece y los demás lo usan?

Seguro te han hecho esta adivinanza, y tú la has hecho con tus conocidos y espero que sepas su respuesta.

Y si no la sabes aquí esta: TU NOMBRE. Así es, tu nombre o el nombre de las demás personas es la segunda palabra Mágica que veremos aquí. Está comprobado que a las personas les gusta escuchar su propio nombre.

Este efecto hace que al escucharlo haga una conexión en su cabeza y puedas tener más reacción al comunicarte con los demás. No es lo mismo si se usa un apodo lindo o uno que se usa entre los amigos. ¿O que tal ese que te pusieron en la escuela o la oficina? Ese maldito apodo que no te suelta y te persigue desde entonces. Un consejo, pide amablemente que ya no te llamen así porque eso con el tiempo se vuelve tu lastre y no te favorecerá cuando busques un mejor puesto. Terminaras siendo Claudita la de contabilidad o el pollo de facturas.

Si conoces a alguien en una fiesta y sabes que tiene éxito laboral o tiene un negocio que te interesaría entrar…. Vaya que no le va mal … Y todos sus amigos de antaño lo llaman "EL OREJAS". Una recomendación que te puedo dar es averigua su nombre y llámalo como es en toda la reunión … Javier, Alejandro, Pablo etc. Te darás cuenta que al decir su nombre abres un canal que puede hacer una conexión y lograr una ventana de oportunidad como amistad o hasta una negociación.

Una realidad que es fundamental la cual puede arruinar cualquier oportunidad es tratar de hacer negocios en esa dichosa fiesta, pero puedes aprovechar y abrir ese canal para agendar una cita de negocios la cual se recomienda que sea un desayuno y ahí planteas todas tus ideas. Claro todo tiene que funcionar con tu magia de persuasión para lograr agendar con él; No seas tan insistente porque esa persona trata de olvidar el trabajo y relajarse una noche con sus amigos y al momento que detecte que quieres hostigarlo con trabajo se acabó la comunicación se irá al baño y no regresara contigo nunca más.

En resumen, al utilizar la palabra TÚ más el nombre del interlocutor estás generando una conexión favorable y estás a unos cuantos pasos para lograr tu objetivo. Si es una persona mayor pregunta si le puedes hablar de TÚ ya que al usar usted corres el riesgo de ser rechazado. Ojo, te comento ésta situación solo para negocios, por favor no creas que usarlo con el dueño de la compañía o con tus nuevos suegros te va a ayudar, error….esto es solo negocios.

Si te lo autorizan que es lo más probable, continúa diciendo: SABES JUAN TÚ PUEDES TENER MENOS PROBLEMAS

Oscar Huitrón

FISCALES SI ME PERMITES AYUDARTE, SI TÚ ESTAS DISPUESTO A NO FALLAR NOSOTROS TE QUITAMOS A HACIENDA DE ENCIMA. JUAN EL HEROE DE LA COMPAÑÍA VAS A SER TÚ.

El conocimiento te da más

Cuando estamos en la escuela aprendemos todo lo que nos enseñan ¿pero que tanto puede serte útil para tener el éxito que buscas? Si eres de los que fueron a los mejores colegios, te felicito en verdad, tienes la oportunidad de ser parte de algún corporativo famoso y podrás ser feliz sin preocupaciones.

La ignorancia está a flor de piel hoy día. Estamos metidos en nuestros dispositivos que dejamos de ver lo que realmente importa, EL FUTURO. Mientras todos están viendo sus dispositivos móviles, en redes sociales o el video de esos gatitos que se caen cada vez que saltan, después de un día largo y pesado, el resto que no está ahí se encuentra buscando una mejoría en su vida en la misma herramienta que tú, el internet.

Aquí estamos hablando de conocimiento y es donde estamos atascados. Pero no del conocimiento que te dan en las escuelas, si no del saber que tuvieron o tienen esas personas que cambiaron al mundo. Hablamos de esas que con una sola idea y visión crearon marcas que reviluciono el siglo XX.

Como dijimos al principio de este libro todos aprendemos lo que nos convenga o interese para ser alguien. Si tenemos ese conocimiento y lo transformamos en una idea y esa idea la llevas a la economía, eureka ya eres una persona más feliz.

¿Por qué te digo esto? porque mientras más sabes, más vences a la ignorancia y más logras objetivos como cuando disfrutabas de

TU MENTE HABLA Y ESCUCHA.

Maratón, ese juego de mesa, el cual tenía como finalidad medir que tanto conocimiento poseías y si no podría ganarte la ignorancia con ciertas preguntas. Es la famosa historia del técnico en computadoras y el empresario.

Este técnico fue a reparar un servidor que estaba fallando, después de analizar por un breve espacio de tiempo, el técnico toma de destornillador y aprieta un tornillo, se voltea con el empresario diciendo: ¡Listo! Ya quedo (eso hasta yo dirás). El empresario le agradece y el técnico le pasa la factura de Mil pesos.

El empresario lo mira y le pregunta ¿Por qué tan caro? A lo cual el técnico responde: Vera, es un peso por apretar el tornillo, y son $999 por saber que tornillo es.

Demostrando el punto, todo conocimiento es útil y más si sabes dónde buscar. Hay un dicho que me encanta y hoy día trato de aplicarlo siempre: *Trabaja mientras los demás duermen.*

Lo que pasa hoy día, es que todo es tan rápido que ya no tenemos el lujo de descansar porque nos ganan el mandando y debemos estar cada vez más preparados, cada día hay más jóvenes graduándose queriendo conquistar el mundo donde aun habemos los que nos graduamos hace años atrás. La competencia está a la orden del día y cada año aparecen cada vez más.

Si eres estudiante de alguna carrera universitaria o alguna diferente en otro tipo de colegio, ya tendrás a tus amigos con quien poder ir de fiesta, realizar trabajos o apoyarse dentro del plantel. Pocos notamos que aquellos que están sentados frente, atrás o aun lado de ti una vez terminado los estudios se volverán tu competencia y ahora deberás luchar para lograr obtener un buen empleo superando las aptitudes, tu percepción sin olvidar tu lenguaje corporal.

Oscar Huitrón

Sonrisa y poder

Bien es sabido que sonreír no cuesta nada y puede ser el valor más grande que tienes en tu poder. Sonreír es uno de los factores que trasmite tu imagen en la cual la gente te permite que te acerques y te comuniques con ellos.

Ese acto tan sencillo (aunque no lo creas amargado) es el arma de todo buen vendedor; Te puedes encontrar con un vendedor de autos muy bien vestido, el cabello arreglado, un buen aliento, todo perfecto. Pero oh sorpresa, al llegar contigo notas que te atiende sin ganas, seco o como si se hubiera pegado en el dedo pequeño del pie esta mañana.

Sobra decir que por más que te hable del auto y te diga que es el mejor, que vas a ahorrar gasolina, los asientos te dan masaje y tiene pantallas HD en los asientos traseros, creme, no te dan ganas de comprar y menos de regresar.

¿Cuándo has ido a una tienda y te atienden súper mal y dices, que buen vendedor? ¡Jamás! Porque a pesar de que tengas un mal día el sonreír te hace sentir mejor y obtienes más beneficios realizando una conexión entre las emociones con la persona que tengas enfrente. Te recomiendo que evites por lo que más quieras convertirte en ese vendedor que todos odiamos y te da una atención pésima.

Es tan importante y funcional que te platicare una historia como ejemplo. Esta práctica la use en un trámite para solicitar mi licencia de manejo, así es, en oficinas de gobierno; Todos sabemos que el ir a esos trámites es un horror. ¿Pero qué paso? llegue y desde la oficial en la puerta hasta que llegue con el ultimo servidor público que me atendió, les sonreía, con un buen saludo de mano (el cual se lo recomiendo) lo cual dio un resultado positivo, me trataron muy bien, hasta regresaría a hacerlo.

Pero ¿Por qué? ¿Qué fue lo que sucedió? Bueno, primero, no todos los servidores son mala cara, hay muchos que son buenas personas con los demás y me han atendido bien, aunque yo estaba fastidiado.

Lo que pasa son dos cosas; La primera ya lo vimos, es el canal de comunicación que trasmites a cada ser en este planeta.

Lo segundo es el efecto espejo, que conocido en el lenguaje no verbal es una actitud que sin darnos cuenta logramos imitar. Somos capases de imitar el estado de animo de la gente si es de mayor fuerza, al igual que si tu lenguaje e imagen son más fuertes que el del receptor, tienes la partida ganada. ¿Dónde sirve estos? En alguna venta, en una entrevista laboral, una cita forzosa. Donde quieras, el punto de este texto es que puedas entender que, si manejas una percepción positiva, agradable y muy bien aplicada, tienes un porcentaje aún mayor de éxito.

Tu mala atención te mata

Recuerdo que una vez en una empresa donde trabajaba tuvimos que reparar un producto para su muestra así que tuve que ir a las instalaciones de un proveedor y allí me percate que, aunque tú seas el cliente, no estas exento de ser tratado de esa manera tan peculiar que tienen los creídos.

Recuerdo que al llegar se me recibió de una manera seca y de mala gana pensando que cualquiera esperaría una atención diferente de la chica de recepción. Pareciera que tuviera un mal día, PERO ERAN LAS 9am, no te puedes amargar tan tempranos sabiendo que dentro de tus actividades tienes que recibir todo tipo de personas. Después se localizó la persona con quien debía tratar el asunto de la muestra donde yo mismo ignoraba que sería el dueño de la planta y con una acción déspota recibió el material que llevaba para trabajar, diciendo: a ver si sale hoy etc… y mira que yo era el cliente.

Si nosotros somos alguien que vende un servicio o producto, si somos los clientes, incluso si somos los gerentes o dueños de una empresa; Ten mucho cuidado el cómo tratar a todos los ya mencionados. En especial si es un cliente ya que 8 de cada 10 personas dejan de consumir una marca por un mal trato.

Digamos que vas a una junta por parte de tu empresa y vas a encontrarte con Disney Company, sabemos que es una empresa sumamente enorme e importante, pero si llegas con esa actitud seca y arrogante la cual trasmite una mala imagen ¿Quién crees que sale perjudicado? ¿Tú? bueno sí, pero tu empresa es la que se lleva todo el peso de tus acciones y tiene que pagar los platos rotos de esas acciones equivocadas con tu actitud negativa y eso mis amigos míos es una piedra para crecer en tu compañía.

Cuando se sale a alguna reunión sin importar si es o no muy importante, no somos Oscar, María, Jorge, etc. ¡NO! somos la empresa misma y en nuestros hombros está la carga de poner en el alto el nombre de la empresa o por lo menos no dejarla caer. Si llegases a tener un error fuerte que se relacione con el cliente, su marca, incluso una mala respuesta, no van a decir: No me agrado el servicio de Gabriela, dirán que el servicio de la empresa no les

TU MENTE HABLA Y ESCUCHA.

gustó y se acabó, y claro te despides de ser la cara ante proyectos importantes si bien te va. Por esa razón debemos cuidar nuestra percepción frente a los demás, sea quien sea incluso nuestra imagen física para dar de primera vista que somos profesionales (y no tengo que recordarte que lo seas).

No trato de meterme en temas de igualdad o discriminación solo el consejo de que, si estás cuidando una percepción donde la gente pueda dar una opinión que te beneficie como persona, construirás para mayor facilidad un peldaño más a subir, y no solo hablo en tu empleo, incluso hasta con la familia de tu pareja.

La mayoría de las empresas que tienen contacto con el cliente directamente como los que venden hamburguesas, cafés o helados (los cuales no están exentos) tienen mayor probabilidad de fallar al momento de tener la oportunidad de atender a un futuro cliente o mantener uno ya existente.

En mi experiencia incluso en hotel o agencias de viajes llegan a tropezar en ese momento crucial el cual hace que te lleves una mala idea sobre su servicio. El personal como en toda empresa se va rotando y los jefes de dichas empresas olvidan dar esa pequeña pero necesaria capacitación. Así como mucha gente deja de ir a un establecimiento por su pésima atención, hay quienes regresamos por hacernos sentir cómodos y bien recibidos.

La publicidad.

Durante años las marcas más famosas y las no tanto buscan llamar nuestra atención con todo tipo de publicidad. Hacen inversiones enormes de dólares para cautivarnos con sus anuncios y logremos principalmente consumir sus productos sin dejar de lado el que nos tatuemos su marca.

La pregunta aquí sería ¿En realidad está funcionando? Y mi respuesta sería: depende, con el paso del tiempo se ha innovado en técnicas e imágenes para llegar al objetivo, que somos nosotros. Supongamos que trabajas en una agencia de publicidad o marketing estando todo listo y estás terminando la presentación de una idea que ayudará a mejorar las ventas, los clientes que son los representantes de una súper marca, dudan, te ven y te preguntan ¿Esto nos va a funcionar? Todos diríamos claro que sí es lo mejor que hemos hecho; el objetivo es vender la idea publicitaria ¿Y si no funciona? ¿Si hay perdidas? ¿Quién lo sufre? Tú no, lo haría el cliente y su marca.

Ahora hagamos de cuenta que tú eres el dueño de esa marca y estás por invertir miles de dólares en esa campaña publicitaria que te prometieron que funcionará, ¿Lo harías? Claro que no, porque si ni tú estás seguro/a que es bueno el proyecto, tu lógica no te permitiría hacerlo y querrás desechar la idea.

En las calles existen buenas campañas de publicidad, unas mejores que otras, se nota que sí se exprimieron la cabeza en ellas. Aun así, considero que con las nuevas técnicas de Neurociencia es más asertivo lograr que el público nos vea y que nos compre.

La Neurociencia es una ciencia que está aplicándose hoy día, y podemos ser parte de ella sin darnos cuenta. Veamos otra vez a Starbucks, ¿has visto su publicidad en las calles o en la tv? La respuesta es NO, porque no lo necesitan, todos sabemos quién es esa compañía que hace Mokachinos o bebidas arcoíris. Haa pero sorpresa, la publicidad si existe y está donde menos lo esperamos.

¿Listo/a para leer esto? En nosotros mismos, así es, somos los principales desarrolladores de publicidad de la marca que no le costamos ni un centavo, ya que todos cuando consumimos café con ellos estamos haciendo marketing sentados en sus instalaciones o en la calle, pero ¿Cómo es posible eso?

No es tan complicado de averiguar, con sus propios vasos. No existe mejor publicidad que el consumidor, ya que, al ir de camino al trabajo, o un paseo por el parque en una tarde fría con una persona de nuestro agrado, se nos antoja algo suave y compramos un café de ese lugar.

Estamos pasando un momento agradable, tomando un respiro de esa semana pesada cuando por fin dejaste todo en orden en la oficina, caminando pensando el ya no trabajar ese día, pero sin saberlo estas trabajando para una empresa de cafés llevando contigo ese vaso todo el tiempo con el logotipo impreso. En ese momento estamos haciendo publicidad y gratis. ¿O que pasa cuando escriben mal tu nombre? ¿Crees que es por incompetentes? Tal vez, pero en ocasiones lo hacen a propósito y es para que utilices la herramienta más poderosa que tenemos en ese momento que son las redes sociales.

Cuando quieres quemar a la marca o simplemente presumir ese error, les estamos haciendo un favor que toda empresa quiere: LA PUBLICIDAD GRATIS. A eso súmale cuando solo subes una foto diciendo a tus amigos de Facebook o Instagram que gozas con una bebida arcoíris.

Cuando de marketing se trata, los expertos en neurociencias usan sus conocimientos "atacando" lo que ya vimos al principio, que es los tres ceberos. No pienso hostigarte con los mismos otra vez, te invito a regresar al principio donde se habla de los tres cerebros y lo memorices.

Este tema es muy largo y nos llevaría varias horas tratando de describir todos los hechos en cada publicidad que nos hacen comprar o no. Pero hay que tomar en cuenta un punto muy importante. A pesar de la era moderna hemos de aceptar que los cerebros masculinos a comparación de los femeninos son totalmente diferentes y no lo digo yo, lo dice gente con mayores conocimientos junto con los millones de años de evolución.

Toda la publicidad no está hecha para ambos sexos, existen productos y/o publicidad que está realizada para cada sexo y eso tiene también que ver con el tipo de vista que maneja cada uno para percibir el mundo a su alrededor.

Estudios han demostrado que las mujeres desde tiempos de las cavernas poseen una vista panorámica, lo cual era utilizada para buscar frutos en los árboles, cuidar a los hijos, o estar al pendiente de algún depredador que se encuentre cerca. Mientras que los hombres como siempre somos más sencillos manejamos una visión llamada de túnel que se usaba para concentrase solamente en la caza del día.

Aclarado estos pequeños datos podemos entender que dependiendo de los elementos que tenga un producto o publicidad será siempre percibido por las damas, mientras que los hombres prestan más atención a las cosas más sencillas y directas.

TU MENTE HABLA Y ESCUCHA.

La compra

¿Qué mujer no adora ir de compras? Cuando se trata de hacerlo es una situación donde ellas pueden consentirse obteniendo no unos zapatos o una blusa, están buscando su próximo éxito tanto personal como profesional. Supe por ahí que el 90% de las mujeres prefieren ir de compras y me dirás que es algo que ya todos sabemos, pero lo importante aquí es que lo prefieren sobre recibir besos y abrazos o el mejor sexo que hayan tenido jamás. A diferencia de los hombres los cuales no es un misterio que no somos nada complicados (en ciertas áreas) ellos siempre responderán…claro, Sexo.

¿Pero una cosa es que les gusten las compras y otra muy diferente es como lo compran? Haaa ¿no sabías eso? Pues vamos a darle un repaso a este tema y entender como todo ese ritual tiene un por qué. Ya quedo claro que la vista es muy diferente entre Hombres y Mujeres, pero a la hora de decidir por un producto frente a nosotros ya es otra historia.

Oscar Huitrón

Está comprobado científicamente que las mujeres compran con dos sentidos básicos, y esto lo usan también para "comprar" al novio, así que apréndete esto que te será muy útil si eres hombre o lo comentes a tus hombres más cercanos si eres mujer.

Las damas como todo el resto de las mujeres tienen el mismo factor para poder elegir lo que tenga a su alrededor sin importarle si es alimentos, producto de limpieza, aseo personal u hombres y se trata de comprar con el oído y el olfato.

Ya has de saber a estas alturas que ellas (o ustedes, si eres mujer quien lee este libro) son más auditivas, mucho más que los hombres. Por eso el dicho de que deben ser enamoradas por el oído. ¿Pero qué hay del olfato? Bueno, como les gusta escuchar cosas dulces, les fascina olerlas aún más. Si te paseas algún día que estés en el súper mercado por la sección de shampoos, cremas, limpiadores etc. Te podrás percatar de un fenómeno muy curioso que la mayoría no había notado.

Están paradas frente a dos marcas distintas de shampoo y lo que hace para decidir es olerlos y el que huela mejor es el ganador ya que los olores son muy importantes para ellas. Esta misma acción la usan para casi todo que pueda olerse. Hasta me ha tocado ver la que disfruta oler su comida antes de comer.

Una investigación de Jürgen, las mujeres compran ropa y zapatos dependiendo de qué tipo de mujer se sientan en esa mañana, un día se quieren sentir bellas, en otro día mujeres poderosas y otras veces...no tanto. Hay para todo tipo de emociones, lo mismo pasa cuando se habla de Imagen Publica el cual al vestirte y estar frente al espejo debes preguntarte: QUE MESAJE ESTOY ENVIANDO y no, ¿Cómo me veo?

Porque si te sientes poderosa, te vistes poderosa y vas a transmitir ese poder donde el resultado será en un día excelente o bien si te sientes bella estarás bella todo el día. Ahora que, si

TU MENTE HABLA Y ESCUCHA.

eres hombre y te sientes un fracasado, vas a ser un fracasado toda tu vida (no somos tan complicados).

Las compras entre ambos sexos como en la mayoría de los casos, es totalmente diferente, por eso te digo que somos Yin y Yang sin importar el tipo de compra que vayamos a realizar. Porque además no se nos vende igual un smarthphone a un hombre que a una mujer.

Las ventas.

Oscar Huitrón

EL QUE NO SABE VENDER NO LOGRA NI UNA CITA.

Tú y yo constantemente estamos vendiendo, aunque no ofrezcas ningún producto o servicio, nos estamos vendiendo a nosotros mismos y es una acción que llevamos día con día.

Las ventas se han convertido en una ciencia que no todos dominan, no te voy a decir que soy un maestro, pero si te puedo decir lo que algunos estudios revelan en esta área. Al momento de tener una cita de trabajo, una entrevista, incluso una reunión con amigos o colegas estamos vendiendo nuestra imagen, nuestra esencia y nuestro talento.

Esto conlleva al tipo de precepción que existen en las mentes de los demás, llámese imagen física, verbo, lenguaje corporal y olfativa.

Esto es algo que ya vimos en páginas anteriores sobre la imagen y el olfato. Porque recuerda que las mujeres compran todo con la nariz y eso incluye al novio.

¿Pero qué hay de las demás acciones? ¿Acaso somos capaces de vender con esas acciones? Yo te respondería que sí y no. Las combinaciones de estos hábitos nos pueden llevar al éxito o al fracaso total. Recordemos aquellas situaciones que como hombres buscas a esa chica que tanto te gusta en la reunión de la escuela (y sabes de que reunión hablo).

Recuerdas que te producías de la manera más cool para que te hiciera caso o bailara una pieza contigo. Pero para empezar ya estando ahí y tu cuerpo te traiciona, tu mente juega contigo y se acerca el desastre (mujer, aquí sabrás lo que los hombres sufríamos de niños).

- Los zapatos: Son el accesorio que la mayoría no pone atención para tenerlos relucientes. El calzado habla mucho del tipo de persona que somos y si no los habías boleado ya estabas mal desde ese instante; Es uno de los puntos focales para las mujeres cuando de atracción se trata. Así que si eres hombre y lees esto, no olvides cuidar eso que tanto llama a las damas.
- Verbo: Te armas de valor sin importar tus pies y te lanzas, ya cuando estabas cerca abrías la boca y no te salía ni una palabra o bien, el famoso gallo, por lo general ella te ponía cara de, ¿What? pero lo logras, pudiste decir esas cuatro letras que te costó decir "HOLA" y de ahí todo bien, pero solo necesitas una simple frase equivocada y olvídate de que te vuelva a aceptar la venta de ti mismo porque si no resuelves que decir después del saludo y te quedas congelado, olvídalo se acabó.
- Lenguaje corporal: Ese cuerpo necio e inquieto, nos traiciona cuando menos lo esperamos. Justo cuando necesitabas verte cool te sale con la gracia de ponerte las manos en el aire como si ella estuviera a varios metros de ti y no te viera (y la tienes enfrente) o peor aún, te las pone en las bolsas y la cabeza inclinada hacia abajo. Sobra decir que te da una imagen de inseguridad muy extrema en ese momento, por lo que a los que se ven más seguros de si mismos, tienen más probabilidades de bailar con ella.
- Olfato: Haaa uno de los factores muy importantes si no el que decidirá tu éxito o el regreso a la silla de donde saliste. Por estar nervioso en un lugar lleno de gente, un espacio reducido y poca ventilación ya recordaras que pasó. Así es, apestas, y eso mi amigo era el fin para ti y fuiste rechazado. ¿O qué tal que antes de llegar a ella te comiste algo delicioso, pero te deja un pésimo aliento?

El olfato es la parte que debemos cuidar en cuestión de citas ya que un pequeño mal olor que pueda percibir la chica hará que seas rechazado de inmediato, así que, por favor, no comas cebolla.

Si eso puede pasarte con una cita, imagina lo que pasa cuando estás ante un cliente mostrando el producto cerca de él o ella. No solo hablo de tu mal aliento si no de cuidar incluso si eres fumador. Está demostrado que la gente que fuma tiene 20% menos de éxito ante un cierre, ya sea por el olor en tu boca o bien en tu ropa.

Te recomiendo que si eres fumador o gustas de comer una comida callejera evítalo hasta después de la junta de negocios de lo contrario se la pensaran dos veces para volverte a llamar.

Aquí estamos hablando solo de bailar una pieza o que nos aceptaran de vuelta en la compañía donde solicitaste una reunión. Quiero hacerte entender que para los que es un detalle menor para los receptores olfativos es un asco y terminaras golpeando tu cabeza con la pared cuando no pudiste vender tu producto, servicio o incluso tú mismo.

El que sabe vender tiene mayores posibilidades de cerrar ese trato que ansias obtener. Por lo que, si incluso no nos vendemos constantemente con nuestras parejas o clientes vendrá alguien que venda mejor que nosotros y estamos amolados.

Los vendedores más astutos saben que deben atacar el punto donde somos más vulnerable, donde el miedo está en su máximo y hablo del cerebro reptil. No estamos hablando de que le saques un arma y le digas que si no te compra no va llegar a casa. Pero la idea es que cuando le demuestras que tu producto o servicio le va a quitar un temor a un problema ya estarás del otro lado.

TU MENTE HABLA Y ESCUCHA.

Ahora, las ventas son igualmente diferentes para hombres y mujeres, porque si analizas lo que ya revisamos de que las mujeres hablan 3 veces más que los hombres, esa es una táctica que debes implementar de ahora en adelante.

Si eres mujer y le vendes a un hombre, debes hablar 3 veces menos, pero si eres hombre y vas con una mujer, debes hablar 3 veces más. Esto al principio se me hacía un poco loco, hasta que recordé mis entrevistas que tenía ya que me entrevistaba una mujer y se quedaba en espera de más información de mi parte después de darle una respuesta directa y eso hacía que no me conectara con ellas para lograr pasar al siguiente filtro a diferencia de los hombres que se conectaban más fácil al no dar rodeos y preferir evitar tanto rodeo.

Tomemos en cuenta entonces que si ya hablamos de tu producto o servicio debes preocuparte por la imagen de venta de tu marca y de ti mismo. Si te tratan como te ves, y no te ves cómo alguien que sabe lo que hace…amigo, amiga…estamos fritos.

NOTA: Los puntos más vulnerables para hacer una venta está en los primeros minutos al iniciar una conversación y los ultimo del cierre.

¿Te has percatado que existen marcas de jóvenes que son muy exitosas y tu como una persona que ya estás en la madurez no les encuentras sentido a su estilo? (si no eres de esa generación aun te puede interesar este tema) Esas marcas que venden camisas arrugadas con partes descoloridas, o gorras que se ven o están rotas, con pantalones que parece que jamás han visto una plancha, si sabes de lo que te hablo entenderás que existe otro mundo haya afuera.

Ciertas marcas están manejando un tipo de publicidad sugerente o atrevida que va dirigida a los jóvenes y que claro está, odian los papás. Todo esto con la finalidad de atraer al consumidor joven que está en la etapa del: NO ME QUIERO VER COMO MIS PAPÁS.

Según una investigación este tipo de marcas están decayendo por la simple razón de que los jóvenes ya no compran ahí y el motivo es muy fácil. Estas tiendas están siendo invadidas por los adultos, ósea tú, por consecuencia los chicos desaprueban al ver sus "tierras de moda" invadidas por las manadas con mayor experiencia tratando de recuperar terreno perdido (por decirlo de algún modo)

Por esta razón los jóvenes al ver que sus costumbres de chicos rebeldes y libres están siendo invadidas, ellos prefieren ir en búsqueda de algo mejor o que la mayoría desaprobemos para seguir dentro de la manada joven. ¿NO TE GUSTA?, ENTONCES ME LO PONGO. (Se le menciona manada ya que desde tiempo neandertales siempre hemos estado y preferido estar en una manada)

Retomando la idea de las tiendas de moda para los jóvenes en contra de los adultos, notamos que el tipo de venta hacia el consumidor debe ser muy cuidadosamente estudiada. Te comenté que no se vende lo mismo a hombres y mujeres, pero en ellos existen sub categorías de jóvenes y adultos.

Ahora entiendo a mi familia cuando me criticaban mis gustos de moda, pero era un estilo que era de mi generación y la verdad cuando veo mis fotos no doy crédito el creer que así me gustaba vestir, sin embargo, ya a mi edad me encuentro del otro lado de la línea viendo a los chicos de hoy, lo cual me ha dado a entender que las ideas incrustadas en cada cerebro de estos chicos es la misma que hace varias generaciones, solo con diferente estrategia de venta.

TU MENTE HABLA Y ESCUCHA.

La innovación:

A lo largo de mis tantos años de ser empleado, pase por varias empresas que tienen diferentes puntos de vista con respecto al que hacer o no para su empresa. Sin embargo, en varias de ellas me tope que el desafortunado tema de que se cerraban a la innovación. Son lugares donde les da miedo hacer un cambio ya que caen en la zona de confort empresarial donde se evita dar un paso adelante con el temor a fallar.

Soy de lo que creen que una empresa debe ser innovadora ya que se puede quedar atascada en sus hábitos los cuales les pueden dar lo que necesitan, pero no le que desean. Es claro que, si tú llegas con el dueño de una compañía y le comentas que deben hacer un cambio o bien, invertir en nueva tecnología o en el manejo de ciertos servicios tendrás un NO EN LA CARA, aunque tú sepas que esa acción dará un mejoramiento para los siguientes 5 años.

Son personas como cualquier otra, con miedos como todos, pero el factor que evita que innoven es que son muy tradicionales evitando gastar más de lo que creen que no deben gastar. Los que piensan que si tu computadora prende es suficiente para que cumplas con tus tareas a pesar de que sea una máquina de hace más de 15 años, en especial si eres de lo que laboran con gráficos muy difíciles y pesados. Pero no deben verlo como un gasto todo es una inversión que los llevara al siguiente nivel profesional, ya que, si invirtieran en un equipo con la capacidad necesaria, les daría un ahorro en los próximos 3 años.

No todas las compañías son malas, existen otras que no les da miedo ser el líder en su rama, esas personas que son líderes natos se enfocan en que la imagen de su empresa sea la adecuada para cuando tenga que llevar a clientes o futuros socios.

¿Y qué hay de los servicios o productos? También deben cambiar, si lo dejan durante los siguientes 10 años se volverá aburrido, monótono y nadie más lo querrá. Por eso hay cosas nuevas cada día que hará de ese producto, servicio e incluso imagen algo novedoso donde el consumidor notará que están renovando, creando nuevos deseos a comprar tu marca.

La frustración es la misma, el proceso de como llegaste ahí es el motivo por el cual los empleados dejan de ver por la compañía y ven por sí mismo quitándose la camiseta. Si tú llegas cada semana con una idea nueva para mejorar y sigues recibiendo esa horrible palabra, NO, es claro que dejaras de buscar una manera de hacerlos mejor y solo te dedicas a cuidar tu empleo tirando la toalla convirtiéndote en un robot. Un tema similar que revisamos varias líneas atrás acerca de los estudios fue que solo nos enseñan a copiar, mas no a pensar y eso exactamente es lo que las malas compañías hacen.

Después de todo este tiempo me percate que los jefes con gran visión toman en cuenta tus ideas, tus cometarios. No significa que van a hacer todas las acciones que te gustaría implementar, pero si alguna de esas ideas hará que tengan un beneficio con un gasto ya sea menor o mayor para mejorar (3 de 5) es una gran ganancia el cual se convertirá en el peldaño con tu nombre.

Cuida a tus empleados y ellos cuidaran de tus clientes.

TU MENTE HABLA Y ESCUCHA.

Richard Brason.

Uno de los puntos muy importantes para un dueño deben ser los empleados, como ya lo leíste debes cuidar de aquellos que dependan de ti, esos que se rompen los nervios cada día para salir adelante contigo. Los dueños que tienen empleados y solo les pagan porque es por ley se llaman dictadores (aunque esos tampoco pagaban) en lugar de jefes o líderes que todos quieran seguir.

Los empleados son el oxígeno de la compañía, sin ellos todo se viene abajo, ¿o porque tendrían entonces gente a su cargo? Este tema me recuerda cuando estuve en ambas situaciones, donde una veía por tu bienestar sin regalarte el mundo y otra que apenas te dejaban comer (porque sabes que tienes ese derecho, ¿verdad?). Pero el lado malo de las que cuidan a su gente, llega a pasar que a los empleados nunca les es suficiente (al menos aquí en México) siempre quieren más sin tomar en cuenta las facilidades y buenas cosas que les da esa empresa, llegan a ser cada vez más egoístas y mal agradecidos. Pero cuando te topas con las malas empresas ya valoras lo que tenías y lloraras por tener esos beneficios nuevamente.

Google es un lugar donde se debe toma el ejemplo de un ambiente de trabajo relajado, ahí todo el mundo es feliz realizando sus actividades por los espacios dedicados especialmente a hacer más cómodo el trabajo de sus empleados. Virgin Group les dio a sus empleados 12 meses de permiso de paternidad con su respectivo pago a aquellos que lo necesitaran para demostrar que les importa, una parte importante para esos nuevos padres.

Disney Company México es de las pocas marcas que en este país permite que su personal salga a las 3 pm los días viernes, así pueden realizar más actividades personales. Esto está demostrado que al salir más temprano suceden dos cosas:

Uno: Los empleados son más felices, se ponen la camiseta de la compañía y la defienden porque saben que les dan un bono del tiempo cuidando sus intereses.

Dos: Un estudio demostró que además de ser más felices, su personal es más eficiente. Claro, si tienen trabajo que hacer, deben quedarse. Aun así, el personal lo hace sin ningún problema. Al aplicar esta prestación hacia sus empleados, son dedicados a sus actividades olvidando sus celulares concentrándose más en sus deberes.

México es de los países que más trabaja y menos gana, se usan horarios de más de 8 horas y para los que les toca también laborar un día de fin de semana...Bueno, no hay que ser un genio para decir que esta amolado.

Una vez en una de esas empresas malas, me dediqué a ver el tipo de situación que regía en el lugar y me di cuenta de una cosa; Si tú como dueño preguntas a tus colaboradores ¿qué sería un buen motivador? Ellos siempre te dirán que es el dinero, pero y ¿si no tienes para todos? ¿Cómo debes compensar esa situación?

Aquí es cuando se aplica el pago con tiempo, si tú como dueño implementas la innovación de darles medio viernes, créeme que será una acción que los colaboradores apreciaran, trabajaran duro y claro, tendrás la imagen del mejor jefe de todos por preocuparte por tus empleados.

RECUERDA QUE AQUÍ NO SE TE ESTAN PONIENDO REGLAS EXACTAS, SOLO CONSEJOS QUE TE TRANSMITO ADEMAS DE MIS CONOCIMIENTOS, SOLO APREDERAS LO QUE TU QUIERAS APRENDER.

La Imagen de poder:

TU MENTE HABLA Y ESCUCHA.

Cuando de imagen visual se trata existen varios expertos que saben cómo manejar este tema. Tanto que si los miramos con otro estilo a lo cual ya estamos acostumbrados no los reconocerías en la calle. ¿Y cómo podemos tener una imagen de poder? ¿Para qué sirve?

Sirve para demostrar lo que todos buscan en algún punto de la vida, PODER, no hay más, sin exagerar, porque como lo uses serás percibido o percibida y si no lo usas adecuadamente te puede salir el tiro por la culata. Ahora es muy importante este tema porque la regla de la Imagología (Imagen Pública) es: *Hay que ser, después parecer.*

¿Qué quiere decir? La imagen de poder tiene que ver a qué tipo de objetivo queremos llegar. El imponer es una de ellas, te habrás dado cuenta en los millonarios, que no siempre por tener esa Imagen de poder tienes derecho a ser arrogante.

El saber manejar esto tiene sus ventajas como en una entrevista laboral, para un ascenso o simplemente para ser mejor atendido en algún establecimiento. Ya lo hablamos, como te ven, te tratan. De lo que hablamos es el cómo vestir, como actuar y como expresar nuestros pensamientos.

Un dicho que me encanta a la hora del trabajo es: *VISTETE PARA EL TRABAJO QUE QUIERES, NO PARA EL QUE TIENES.* Y es muy cierto, ya que con el tiempo te formas una reputación y puedes o no ser tomado como una persona responsable y apta para el nuevo ascenso.

Vayamos a lo más grande, ¿has visto en la tv o en la calle gente que con solo mirarla recibes una señal de que es una persona muy influyente? Seguramente, y es solo por su manera de vestir. Existen 3 "accesorios" que logran ese objetivo.

- El traje- Un traje de buena calidad de dos o tres piezas hechos con la misma tela es lo que visualmente demuestra mayor autoridad, pero no cualquier traje, los que son totalmente lisos sin ningún patrón o dibujo tienden a ser más efectivos. Los colores que debes tener en tu guarda ropa y demuestran más ese efecto son el gris oxford, el negro, pero principal mente el azul marino.
Como mujeres aplica la misma regla solo que ellas tienen la facilidad de incluir un traje blanco o color crema claro.
- La camisa – Existen varios tipos de camisas y las que te pueden ayudar en esos momentos donde debes demostrar tu autoridad son las camisas blancas lisas. Sin embargo, hay una diferencia entre una camisa y otra que lograra el mensaje entre accesibilidad o autoridad, por lo general se recomienda evitar la bolsa frontal en todas las camisas si quieres mandar el mensaje correcto. Pareciera que no es la gran cosa, pero es fundamental porque las que NO tienen esa bolsa son las que dan mayor autoridad. Si la usas con ese extra de tela, corres el peligro de llevar objetos que no deberías, como plumas, papelitos etc. Y así pierdes parte de tu imagen de poder.

Aquí voy a ampliarme un poco más en el tipo de camisas porque no solo ese detalle es importante, también tiene que ver el tipo de cuello como el inglés, americano e italiano. En lo personal me gustan las camisas italianas para estar casual, pero de comunicar un mensaje de autoridad se trata, me agrada más el Ingles porque son de cuello más cerrado después es el americano.
Ya que, si deseas llegar al top con la camisa, es recomendable utilizar camisas con puño francés y claro el uso elegante de mancuernillas, esos accesorios te harán ver de alto nivel y comunicar una imagen elegante. Si piensas comprar unas o regalar unas mancuernillas, es

buen detalle que contengas las iniciales del futuro dueño de esos elegantes accesorios.

- Los Zapatos- ¿Cómo dejar de lado ese detalle que todos debemos tener muy bien cuidado y muy bien combinado? Los zapatos son una parte fundamental por ser uno de los focos de atención tanto en hombres como mujeres.
Debes tener cuidado en tenerlos impecables para acompañar tu imagen de poder, porque los zapatos suelen ser lo que más se desgasta y menos se cuida. Reflejan que tipo de personas somos y si no los llevas adecuadamente, toda tu imagen será un fracaso.
Los zapatos para hombre como los de dama deben ser de buena calidad solo que en estos deben ser con agujetas y sin ningún detalle metálico.

   Un hombre debe tener básicamente en su armario zapatos negros, cafés (de preferencia de los dos tonos) y está en su decisión obtener unos de color guinda.
   Para las damas es más flexible esta regla ya que ellas tienen un amplio catálogo, sin embargo por ley si o si deben ser zapatos de tacón sin exagerar y cerrados.

   Aunque existan varios tipos de zapatos para ambos sexos, debemos recordar que estamos hablando de una prenda para transmitir una imagen de poder ante situaciones de negocios y/o reuniones importantes. Por favor bolea tus zapatos o llévalos con expertos que los dejan muy bien de lo contrario denotaras desinterés y poco profesional.

- La corbata- Llegamos al último accesorio de la vestimenta de poder, pero no el menos importante. De hecho, después del traje yo creería que es el segundo que debes enfocarte ya que como debe contrastar con la camisa se llevara la atención visual de las demás personas. Estas aplican igual que el traje, mientras menos patrones o imágenes demuestran mayor autoridad. En lo personal una corbata roja es la que se lleva los aplausos al contrario de las demás. Si no me crees haz la prueba con las demás corbatas para verificar que mensaje manda cada una de ella, incluso puedes notar que personas con poder como el empresario Donald Trump usan este tipo de corbatas.

No hay que olvidar que para las mujeres existen accesorios que hacen el mismo trabajo que una corbata, y en ese caso en un bolso y/o cartera de calidad que sea de una buena marca. Los zapatos son muy importantes ya que dependiendo del mensaje que quieran enviar es el tipo de calzado que deberán usar. Un punto que debes tomar como mujer al memento de asistir a un cita o presentación es jamás usar zapatos abiertos, lo que reflejan un mayor mensaje son los zapatos de tacón cerrados.

Para ambos sexos un reloj lo es todo entre dar una imagen de autoridad o de flexibilidad. Por eso si se va a utilizar un reloj, asegúrate de que sea de una excelente marca. Sí el material de este gran accesorio debe ser de metal al contrario de los de cuero que comunicarán accesibilidad.

TU MENTE HABLA Y ESCUCHA.

Lenguaje no verbal:

Cuando menos nos lo esperamos nuestro cuerpo nos puede traicionar o ayudar en el motivo de hacer negocios o una simple cita. El lenguaje no verbal es muy importante, tanto que hace juego con la imagen visual y hará que tu imagen de poder sea más efectiva.

Hablar de este tema sería muy extenso, por eso solo te diré cuales con las más fáciles de manejar para transmitir lo mejor de ti.

Un estudio revelo que el 93% de lo que comunicamos es lenguaje no verbal y lo único a lo que le prestamos atención es solo al 7%. Aquí es donde tendré que diferir un poco, ya que podemos dividir ese 93% en: comunicación de los brazos, piernas, micro expresiones, tono de voz etc. Y Algunas de estas acciones si podemos leerlas sin ser unos genios en el manejo de lenguaje corporal. ¿O acaso no te das cuenta cuando alguien está molesta o triste? Así que analicemos que tipo de lenguaje podemos usar o aprender para saber con quién estamos hablando o como reflejamos esa imagen de poder que tanto necesitamos.

- *Camina*- Para ti tal vez sea de lo más común del mundo tu forma de caminar, pero a nivel sociedad es muy común que la gente no se percate y envíe mensajes que no querrán a la hora de presentarse con algún prospecto a convenir.
  La forma más común para no ser rechazado es caminar recto casi como militares, sacando el pecho y los hombros atrás. Si te es difícil, levanta un poco el mentón y el cuerpo solo se alineará (Solo no abuses de esto o transmitirás arrogancia.)
  Te recomiendo no llevarte las manos a las bolsas, da una apariencia de que no eres muy confiable y que ni tú te

tienes confianza. ¿O haz visto algún líder con las manos en las bolsas?

Por lo tanto, úsalas sueltas, donde deben estar, relajadas para que no crean que estás listo para pelear o creerán que no estas de humor.

- *Saluda*- Aquí si vas a tener que practicar mucho, no todos son conscientes del que transmiten al dar un simple saludo. Yo me he topado con gente que al momento de saludar recibo el mensaje de que tipo de personas es la que está frente a mí (y eso que aún no empezamos a conversar).

    Existen 3 saludos básicos que hemos hecho con diferentes personas sin saber que lo hacemos.

    1- **Saludo de sumisión** - Es cuando extendemos la mano con la palma hacia arriba, dando a entender que estamos cediendo el "poder" a esa persona, llamémosla dueño de la empresa o más fácil, la suegra.

        Éste adema no significa que seas una persona que estás dispuesto o dispuesta a hacer lo que los demás deseen, pero es una señal que no tienen inconveniente de que ellos tomen la iniciativa ya que tienen una posición mayor.

        Si has visto la nueva película de El planeta de los simios, podrás captar aún mejor la idea que te manejo aquí.

    2- **Igualitario** – Es el saludo más común que todos hacemos al encontrarnos con personas que no conllevan esa autoridad, demostrando que ninguno de los interlocutores está por arriba del otro. Esta acción demuestra que estás abierto a sus ideas y/o fundamentos sin dejar ser una persona sumisa o querer ser superior y tomar el control.

Es recomendable que siempre que vayas a una junta de negocios utilices este saludo, te hará ver más profesional y conectaras con tu cliente aún mejor.

La forma de hacerlo es que las dos manos cierren por completo pulgar con pulgar y se encuentren en la misma posición vertical.

3- **Autoridad-** Aquí es cuando aparece la contraparte de los que desean ser tomados como personas de alto poder, que al saludar sepas quien manda para que te vuelvas más sumiso. Se saluda con la palma viendo hacia abajo tomando la palma boca arriba de tu contra parte.

Veras que personas famosas con poder suelen usar este tipo de saludo, normalmente son los líderes de cada país para dar a entender que son naciones con poder y no serán tomados como menos.

NOTA: Nunca des ese saludo aguado y sudado conocido como el saludo de pescado incluso tampoco trates de aplicar un rompe huesos, además de lastimar a la otra persona recibirá un mensaje de arrogancia de tu parte.

Podemos seguir y seguir hablando de todas las expresiones que tiene tu cuerpo que no sabías que comunicabas. Solo vamos a tomar aquellos lenguajes no verbales que te puedan ayudar a transmitir mayor autoridad o bien, de aquellos que lo usan, aunque algunos lo utilizan para intimidar y los reales ya es natural y así sabrás quien es el jefe.

TU MENTE HABLA Y ESCUCHA.

En países como México, USA etc, es común que las personas de mayor autoridad o rango pasen primero por la puerta, ya sea para entrar o salir de una habitación. Pero hay que tener cuidado cuando hablamos de medio oriente. Ellos lo que tienen como acción de respeto hacia sus líderes es que los de rango mucho más alto sean lo que cruzan la puerta en último lugar.

Así que si te encuentras con este tipo de personas puedes pasar sin problema antes que ellos, a menos que seas tú el invitado con mayor autoridad (siéntete orgulloso de ti mismo). Ten en cuenta que una cosa es el lenguaje no verbal en general y otra muy distinta son las costumbres de otros países.

Las Voces:

Con el paso de los años he observado que la gran parte de la gente la cual me atrevería a dar un numero de 50 a 60 % manejamos dos voces al comunicarnos, y lo sé porque yo también caigo en esa "trampa" y justo cuando no debería de hacerlo. Es cuando me arrepiento de haber abierto la boca para sacar ese tono de voz.

Como lo hemos visto en varios lugares incluso si recuerdas alguna película, la gente que quiere demostrar o tiene el poder, maneja una voz más seria con un cuerpo más grueso. Señalando que no somos alguien que puedan venir a magullarnos en cualquier momento. Yo en ocasiones lo manejo cuando estoy enfrente de personas con un rango mayor o los que se creen que lo tienen. Porque si no lo hago (como ya me ha pasado) te agarran de bajada porque denotas sumisión.

Ahora bien, cuando queremos vernos amables con las demás personas incluso con Don Chuy de la tienda de la esquina, sacamos esa voz que es más tranquila, sumisa, suave incluso algunas o algunos sacan una que es medio tierna, claro, si tú escuchas ese timbre de voz ya te hiciste una idea de que es una persona que puedes dominar. Pero somos solo amables así que tengan cuidado como expresan su tono y con quien sin olvidar que, si tú escuchas ese tono sutil y quieras aprovechar el momento, la gente puede darte sorpresas y termines tú como el sumiso.

Micro Expresiones:

Según los estudios del Psicólogo Paul Ekman todos los humanos desde américa hasta asía manejamos siete micro expresiones básicas en los cuales, si pones atención sabrás qué opina la persona frente a ti de tus comentarios.

Este estudio llevó mucho tiempo en descubrir sus bases y las siete maneras de leer tu rostro con las cuales ya venimos genéticamente programados, y nuestro cerebro se activa al ver estas expresiones en menos de un segundo. Claro que desde que nacemos las empezamos a reflejar de nuestros padres (los bebes suelen imitar la alegría de sus padres, no se ríen contigo)

Estas acciones de tu cara suelen durar medio segundo por lo que es muy difícil detectarlas, te pueden estar contando una historia muy feliz y en medio segundo reflejan una expresión de tristeza o ira. Incluso para algunos profesionales les es difícil verlos, ya que cuando analizan un video es necesario pausarlo para tratar de encontrar esas pequeñas pistas.

Si te interesa aprender esto, en internet existen apps que las puedes usar para practicar y ser una persona que puede tener una ventaja sobre alguna conversación. Porque no falta que llegue alguien y te diga que no le gusta cierta persona, pero sonríe al decirlo o que no le agrade cierto grupo musical y haga cara de asco (la que tú conoces como cara de fuchi).

TU MENTE HABLA Y ESCUCHA.

Para que tengas una mejor imagen de poder ante los demás y en especial cuando tengas una reunión, vamos a revisar estas siete micro-expresiones y te des cuenta cuando puedes controlarlas (que no es nada fácil e incluso imposible) o ver si tendrás éxito en esa venta.

Felicidad

La primera de la que vamos a hablar será la felicidad, la conocemos muy bien, pero ¡cuidado! Existen dos tipos de sonrisas con las que se puede mal interpretar una "felicidad" ya que cada una tiene su variación donde podemos mal interpretar si no conocemos este tipo de lenguaje no verbal.

Son dos el tipo de sonrisas que manejamos y están expuestas diariamente pero solo una la podemos crear sin problemas mientras que la principal es una reacción involuntaria ante un pensar, acción o momento.

La natural y la "HOLLYWOOD" son sonrisas que usan las estrellas de cine, artistas, políticos, etc, cuando están frente al público o los enfocan las cámaras; pero no son reales porque están obligados a hacernos creer que todo es color de rosa cuando no es así, por lo que deben darnos esa sonrisa, aunque estén tristes o hirviendo de rabia por algún momento complicado. La diferencia que existe de una a otra es que la sonrisa real es la que te provoca arrugar en los lados de los ojos y una amplia curva en tus labios con levantamientos de tus pómulos (En la mayoría provoca cierre ligero de ojos) y no olvidemos una ligera muestra de los dientes para adornar tu mejor expresión.

Es de las expresiones más fáciles de comprender porque estamos acostumbrados a ella día a día y aún más a hacerla cuando la practicas como lo vimos en *El Poder de la Sonrisa*. Por otro lado, la sonrisa de HOLLYWOOD es casi similar pero no se hacen esas arrugas en los ojos naturalmente. Aunque ya están entrenados las estrellas a realizar esa expresión, los famosos o incluso los políticos en campaña llegan a tener "el control" de sus expresiones lo cual se nota cuando ya están entrenados en la materia y podemos deducir que no nos están hablando claro.

Si pones mucha practica en estudiar las micro expresiones incluso como hobby, notaras que no siempre tienes que ver todos los movimientos musculares que ya te mencione como un experto. Puedes encontrar un liguero movimientos de los labios y ahí tienes tu respuesta a lo que buscas.

Tristeza

Ahora bien, muchos o muchas pueden estar felices platicando de una situación que les paso recientemente, pero no es una historia que deseamos saber, es una plática que nos lleva a saber datos tristes y esa persona está muy alegre contando, aunque por dentro se esté ahogando en su dolor. Entonces en una milésima de segundo puede aparecer una micro expresión de tristeza.

Claro, aquí veremos ahora la tristeza que para mí es de los sentimientos más fuertes que no podemos controlar. Cuando nuestro cerebro está "lastimado" o el "corazón" tu rostro lucha para no demostrar ese sentir cuando no deseas reflejarlo. También están los que quieren que se note la tristeza en su rostro, pero no lo están, solo quieren que les creas.

Aquí entra al juego la frase NO ES LO QUE SE VE, SI NO LO QUE NO SE VE y esa persona no puede demostrar las verdaderas señales cuando debería estar derrotada demostrando un dolor verdadero. Pon atención que ahora te las diré y sepas cuando quieren chantajearte emocionalmente.

Las señales más comunes es el arqueo de los labios los cuales se van hacia abajo, los parpados superiores de igual manera de ven caídos y un punto que define la verdad de la mentira es en la frente, la cual debe tener marcas de expresión muy marcadas para saber que eso que siente es real. Todas estas acciones de tu rostro son muy difíciles que las evites cuando se intentan ocultar.

Es por eso que las estrellas del cine o televisión deben estar preparadas en su actuación cuando se trata de vender una escena de llanto extremo. Varias veces he visto (y hablo del cine, no de novelas) donde ese tipo de escenas son muy malas por la falta de trabajo.

La tristeza cuando realmente se sufre escapa por nuestro rostro para comunicar al mundo que estamos lastimados y una simple sonrisa no pude ocultar para siempre el sentir que cargamos.

Desprecio

¿Te ha pasado que cuando estás con unos amigos, familiares, incluso en la reunión de fin de año en la oficina estás en el momento donde te toca dar un regalo a alguien de ese grupo que no conoces muy bien, desenvuelve el regalo y se tarda en sonreír del gusto por el regalo, cuando es más que obvio que no le atinaste a sus gustos? Lo que pasó en ese pequeño momento fue que su rostro reaccionó con otra micro expresión llamada <u>desprecio</u>, pero te sonrió solo por ser amable, pero por favor averigua mejor a tu próxima persona para el intercambio.

Tal vez tú lo conozcas como mueca y aparece siempre que algo no es de nuestro agrado, por lo que tus músculos del rostro se levantan reflejando el movimiento a un costado de boca, digamos que es una media sonrisa con una ligera tensión alrededor de los ojos, incluso en ocasiones donde se puede ver que el rostro grita, es el levantamiento de cejas. Inténtalo y notaras como tu cara se verá afectada incluso con un movimiento moderado.

Es muy común que cuando platicamos toquemos algún tema que no sea agradable para el interlocutor y nos regale esa linda "mueca" que nos demuestra que no está cómodo o no está de acuerdo con lo que estamos comentado. Si notas esa expresión te recomiendo que cambies el tema si no podrás llegar a la amiga-hermana que ahora hablaremos de ella.

Asco / Disgusto

Seguro te has encontrado que vas al refrigerador y ves algún producto que esta pasado y expide un olor muy desagradable, o cuando se sienta junto a ti una persona que no tiene un olor no muy aceptable ¿Qué es lo que sientes? ¿Sientes asco? Claro que sí. Entonces podrás entender la hermana-amiga de despreció.

Es la expresión que hacemos siempre que no nos agrada para nada lo que vemos, oímos u olemos. Digamos que es un reflejo que tu cerebro envía para decir: aléjate no me eres muy agradable o aborrezco lo que estás diciendo. En mi parecer considero que es una de las micro expresiones que más reflejamos en contra de lo ajenos a nosotros. Ahí hasta el más novato puede darse cuenta lo que pensamos frente a él.

El movimiento de varios músculos involucrados con este factor nos provoca una "deformidad" al momento que te dicen que debes pagar la cuenta de todos por estar viendo tu celular o que tal cuando una persona te comunica que odia las películas de Harry Potter o peor aún el reggaetón.

¿Y cómo se presenta? Ya lo has de saber, pero te lo diré de todos modos, que incluye varios músculos de la cara donde en mi parecer puedes verte como una persona totalmente diferente. La acción más común que podemos observar es la nariz totalmente arrugada como acordeón, acompañada de unas cejas unidas hacia abajo, sin olvidar un labio superior levantado. Además de las acciones que ya vimos el por qué lo hacemos, hay que recordar que es una expresión de repulsión hacia una persona. Siendo ésta la que prende la micro-expresión del asco yendo de inmediato un sentir de odio. Tal repulsión puede ser muy peligroso y es cuando debemos ser más precavidos y alertas cuando puede estar nuestro bien estar en zona roja.

Sorpresa

Que más alegría que recibir una gran sorpresa como una fiesta de cumpleaños o una reunión con los amigos. Esos momentos cuando te dan un regalo que tanto esperabas. Ver esa cara llena de alegría es lo mejor que podemos recibir como acto de una buena acción.

Pero no todo es facilidad y alegría, porque esa misma cara te puede desenmascarar en una situación que no quieras ser descubierto. Esta expresión es fácil de confundir con el miedo que más adelante hablaremos de él.

Supongamos que capturan a un supuesto homicida y se encuentra en la estación de policía, y de la nada le sacan un arma con el cual se realizó el delito y presenta las señales de sorpresa. Estas son las señales que revelan lo que ese presunto homicida está sintiendo. Primero y más fácil de "leer" son las cejas levantas acompañas de los ojos ligeramente abiertos y una boca abierta.

¿Entonces qué pasa si el supuesto delincuente ve esta arma y reacciona con una sorpresa? ¿Es culpable? Aun no lo sabes, pero al ser la primera vez que la ve, se sorprende de ver un arma. Una persona que es culpable demostraría miedo al saber que puede ser descubierto. Entonces tiene un punto a su favor.

NOTA: Esta ciencia de lenguaje no verbal no debe ser tomada como una verdad absoluta, toda ciencia tiene sus excepciones.

Cuando en la mayoría de las acciones que nos sorprenden es generalmente cuando desconocemos alguna información, es por eso que estamos sorprendidos al ver, saber o conocer una situación fuera de nuestra rutina por lo que recibimos nueva información que no tenía nuestro cerebro y es almacenado con una etiqueta de SORPRENDENTE o inclusive de duda.

A este tipo de comunicación facial se le puede incluir la alegría donde te dio gusto el regalo que pediste, donde la boca como ya lo leíste puede curvearse hacia arriba. Pero la otra cara de la moneda es si levantas solo un lado de tu boca cerrada. Seguro ya sabes de que expresión estoy hablando, y claro es la de desprecio donde te estarán etiquetando con credulidad.

Para acabar con esta expresión, toma en cuenta que una verdad de culpable o no puede arrancar una serie de dudas solo dando un giro inesperado a esa persona frente a ti.

Miedo

Esta es la expresión que te comenté hace varias líneas atrás, esto me recuerda una entrevista que se le realizo a Javier Duarte ex gobernador de Veracruz el cual fue acusado y arrestado por desfalcar al estado entero (lo comento por si no eres de México y estás leyendo este libro).

A este ex gobernador se le hizo la invitación justo después de ser acusado de daño al estado a un noticiero popular donde el periodista la hizo una pregunta, la cual no esperaba y no tenía una respuesta clara hacia ella. Se le pregunto de frente si huiría del país, por lo que el gobernador inmediatamente hecho su cuerpo hacia atrás y reflejando en su rostro los puntos focales de miedo extremo respondiendo que no lo haría para nada, o sorpresa, el huyo esa noche. Si las autoridades hubieran visto esa micro expresión pudieron darse cuenta que no era verdad y debían detenerlo (pero como es México…… Bueno ya saben él porque)

Esa sensación de temor cuando algo que esta fuera de nuestro control está frente a nosotros sin previo aviso. ¿No te ha pasado

TU MENTE HABLA Y ESCUCHA.

que estas caminando ¡DE REPENTE! te sale un gato entre los arbustos y te asusta dando un brinco o que tal en un parque temático de terror, cuando entre las sombras ¡APARECE JASON CON UNA CIERRA ELECTRICA! Sales como bala para salvar tu vida (lo cual es un reflejo natural que maneja nuestro cerebro reptil) Esa expresión en tu cara es la misma que usas cuando sabes que hiciste algo malo y puedes ser descubierto ya que temes a la situación en ese momento y temes al castigo.

Retomemos al homicida de la parte superior como ejemplo para continuar con la explicación. ¿Qué tal si este individuo al ver el arma que se usó con la víctima, él inmediatamente presenta unas cejas arqueadas y fruncidas, un parpado superior totalmente abierto, unos labios estirados? Todo señala que el arma la conoce y sabe lo que hizo. En algunos casos, el miedo se representa con tragar saliva o un ritmo cardiaco acelerado acompañado de estrés y sudoración.

Como es de esperarse los culpables tratan de ocultar su miedo y salirse con la suya, pero si sabes leer estos detalles sabrás entonces quien se comió tu pedazo de pizza que dejaste en la mesa. Cuando caches a alguien con esta acción demostrara que no te está diciendo la verdad y debes poner tu pizza bajo llave.

La ira

No es el menos importante, pero es el más "comunicador" de todos, porque con varias acciones u otras partes de cuerpo puedes decir: ¡ESTOY MOLESTO!

Cuando somos bebes ya empezamos a demostrar las expresiones faciales, claro las 7 más básicas que ya estamos aprendiendo. Pero la ira es una expresión que con los años vamos transfiriendo a otras zonas del cuerpo esperando que no sea evidente nuestra molestia.

Además de la micro expresión de la cual vamos a hablar aquí, podemos comunicar nuestra molestia con las manos, haciendo un puño queriendo controlar la ira que nos recorre. ¿Pero qué hay de nuestro rostro? Bueno, sabemos que es muy expresivo cuanto a estados de ánimo se refiere. Como te dije, la ira es la expresión que más comunica y me refiero como el caso del puño que a pesar de que es solo una expresión se puede dividir en dos. Normalmente se presenta con las cejas muy juntas y los labios tensos o apretados. Pero en he visto que cuando se molestan por algo y no quieren ser percibidos de esa manera solo tensan los labios y ahí es cuando lees que la persona no está de acuerdo contigo, aunque a las personas no nos guste decir lo que pensamos (eso lo hace tu cerebro con tu cuerpo).

Una cualidad que tiene la ira es que con el paso del tiempo hacia cierto momento repetitivo puede llegar a convertirse en asco, que es cuando ya no podemos soportar más y al final terminas explotando como olla exprés.

¿Recuerdas en aquella ocasión donde tu jefe o jefa te están haciendo comentarios sobre algún reporte que no les parece adecuado o un resultado no muy bien logrado? tu mente en ese momento está mandando señales de molestia hacia ellos, pero como no quieres verte así (aunque todos nos damos cuenta) solo puedes tensar los labios para "liberar" el estrés que tienes en ese preciso momento.

La ira reprimida puede ser reflejada igualmente con los ojos, si ya no pueden más con tus acciones o comentarios los cuales están sacando de quicio a otra persona, notas que además de la tensión de los labios y las cejas juntas, pero a eso le sumas unos parpados muy a abiertos será mejor que corras por tu bien.

El rostro en mi experiencia es "El libro más difícil de leer", aunque sea el que más ponemos atención, y por ser el de más foco de atención no leemos el resto del cuerpo. Si te interesa leer

TU MENTE HABLA Y ESCUCHA.

a las personas te recomiendo que te profundices más en estudios. Recuerda que aquí te estoy trasmitiendo mis conocimientos y que aprenderás todo aquello que te sea útil.

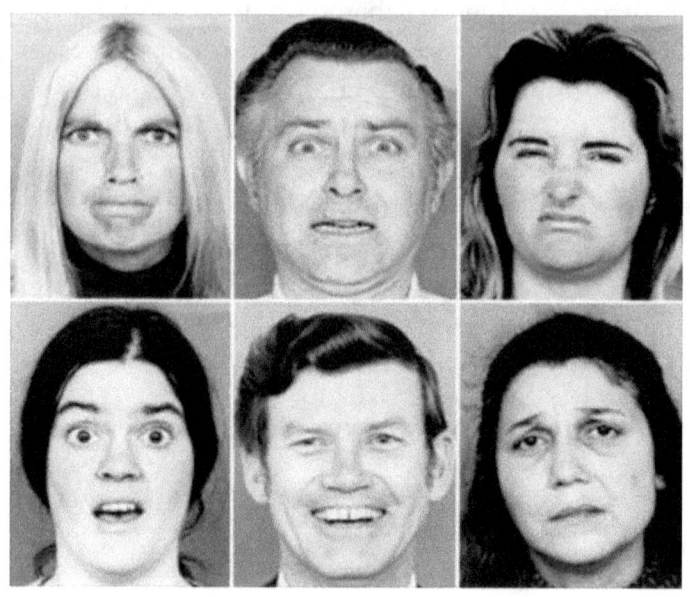

Siguiendo con el lenguaje no verbal, recuerdo una ocasión cuando me encontraba en una entrevista laboral donde estaría desarrollando producto de marca, ya había pasado por el filtro principal (el dueño de la empresa) ahora estaba con el que sería mi jefe directo, después de varias preguntas, venían las mías y solo hice una: ¿PORQUÉ SE FUE EL ÚLTIMO EN MI PUESTO? Cuando entrevistas sea cual sea tu puesto no estás preparado, pueden agarrarte mal parado, lo mismo le paso a esta persona ya que fue una pregunta que no esperaba.

Entonces solo lo observé y lo que vi, comunicó a mi cerebro que ese trabajo no sería la elección que todos buscan, un lugar que te comunica desde la percepción desde los mismos empleados, vaya, que no sería muy agradable.

Y lo que hizo ese gerente al querer responder fue algo muy sencillo de ver, se sobo el cuello por la parte de atrás, en la cual vi que se puso incomodo al no querer responder la pregunta, su cabeza ligeramente agachada denotando timidez o pena, eso fue un foco rojo para mí.

Otro tipo de ejemplo fue que después de quererme vender el puesto para ser parte del equipo, todo el tiempo se la pasó inclinado hacia mí, demostrando un interés al que yo aceptara su propuesta de trabajo. Lo que pasó después no fue algo de otra buena señal, ya que yo al responder una pregunta sobre actividad laboral para su puesto, su cuerpo entero reacciono haciéndose totalmente hacia atrás y esa misma acción la repitió cuando quería decirme el pago por mis servicios. El hacerse para atrás en este caso, demostró que no se sentía cómodo y quería alegarse de la situación cuanto antes.

El cuerpo siempre tiene la razón porque es muy común que nuestra boca plante una idea o diga que estamos de acuerdo con lo misma idea al igual que la persona sentada frente a nosotros. Podríamos decir que quien maneja ese tipo de comunicaciones no verbales sería el cerebro reptiliano, ya que por miedo nos alejamos de algo que no nos parece lo adecuado.

Un tiempo tuve una situación difícil, y por más que trataba de demostrar que todo estaba bien, mi lenguaje corporal decía lo contrario, porque noté una tarde que mi andar era diferente a los días comunes sin problemas en mi mente, estaba arqueado hacia enfrente, demostrando que estaba cansado y fastidiado, como cuando ya estás muerto de tanto trabajo sin embargo esa ocasión fue por fatiga mental.

No solo es el arqueado, es el mentón bajo, la calidad del paso al caminar (débil o lento) y claro la cara refleja una actitud de una persona que necesita cambiar urgentemente sus hábitos para sobrevivir a su pesadez. UNA COSA ES LO QUE DECIMOS Y OTRA LA QUE COMUNICAMOS.

Vamos a cambiar de ejemplos para aprender a entender el cuerpo de los seres humanos ante la vida cotidiana evitando caer en los baches de la comunicación. ¿Has notado como platicamos entre sexos? Aunque no lo creas cuando los dos diferentes sexos tienen una conversación solemos manejar un lenguaje distinto entre hombres y mujeres.

Las mujeres siempre hablan de frente, directas y atentas al chisme que tengan ese día o seguramente para criticarse a ellas o las demás lo que llevan puesto con su vista panorámica tema que ya aprendiste, si no lo recuerdas te invito a que le des una pasada. ¿Pero y los hombres? Los hombres se comunican de una manera distinta por cuestión de "seguridad" y genética de miles de años, no lo creerás, pero si observas a un par de hombres conversando notaras que lo hacen de lado, para ellos no es cómodo platicar de frente a menos que sea un tema serio o de enfrentamiento.

Se maneja este tipo de comunicación no verbal masculina por una situación no muy grata y es por el acercamiento de las pelvis, sabiendo que es un tema "delicado" para nosotros los hombres es normal que busquen evitar ese tipo de posturas.

Ahora bien, ¿Sabes cuándo puedes o no interrumpir una conversación? Solo es cuestión de observar los pies de las personas, si uno de los pies de los individuos (llámese hombre o mujer) apuntan hacia afuera y existe un espacio donde "cupiera" una tercera persona puedes acercarte he intercambiar tus opiniones con esas dos personas, pero si los pies de los dos apuntan frente a sí mismo es una postura cerrada la cual no te recomiendo que vayas a meter tu cuchara u obtendrás un recibimiento erróneo.

Oscar Huitrón

El saber todos estos y más datos de la ciencia de lenguaje corporal no significa que no te encuentres con personas que también lo sepan cómo me paso en una reunión de oficina. Entré a la oficina y me dediqué a esperar, ahí mismo había una mesa con cuatro sillas (la regla del lenguaje no verbal dice que para tener más éxito al convencer a una persona debes hablarle por el lado de su izquierda).

Entonces mientras yo esperaba a la persona con quien me iba a presentar esa mañana, me senté en el asiento de mayor autoridad, que es el asiento más alejando de la puerta para que a su vez la chica que estaría conmigo se sentara a mi derecha y tener un porcentaje mayor de éxito. Aquí es donde te encuentras con personas con los mismos conocimientos ya que al entrar ella a la oficina notó donde estaba yo ubicado ella decidió moverse a la silla de mi lado izquierdo quitándome mi ventaja extra.

Se ha comentado muchas veces que la negación o el desacuerdo hacia una conversación es muy típico cuando nos cruzan los brazos donde bloqueamos cada palabra. Muchas personas opinan que no se debe hacer ese gesto, pero no se trata de imponer si no de comunicar. Si no estamos felices con lo que escuchamos claro está, que nos haremos hacia atrás y cruzaremos los brazos como diciendo: *No me parece correcto lo que me estás diciendo.*

En internet corre mucha información de cómo descubrir a un mentiroso, todos dicen que es tapándose la boca o rascando la nariz, pero ¿Qué tal que le picaba y se rasco? ¿Qué tal que le dolía el cuello o si tiene frio y se cubre con los brazos cruzados? Es muy fácil confundir los gestos del cuerpo con una sola acción, para eso debemos estudiar todas las reacciones que nos delatan que es la verdad en ese dialogo.

Los expertos en imagen no verbal toman mucho en cuenta lo que ellos llaman: LA NORMA. Y es cuando la acción no cuadra con las palabras dichas. ¿Si te acusan de algo que no hiciste estarías enojado o triste? La norma dice que si eres inocente cualquiera estaría súper molesto, pero si eres culpable, como cuando éramos niños, demostraras tristeza o miedo al ser atrapado y saber que vendrá un castigo por ello.

Controlar el cuerpo, voz y expresiones es muy complicado cuando no se tiene la capacitación adecuada y todo puede caer inmediatamente en tu contra dándote una lección de derrota cuando bien pudiste ganar esa batalla por falta de conocimiento, es por ello que existe este libro y ayudarte con situaciones combinadas como un tipo de comodín.

Fracaso empresarial

Ya que estamos aquí, vamos a notar como el no tener una mente abierta o tener la mente mediocre, puede hacer que nos arrepintamos de no ser aventurados a las nuevas oportunidades.

Con las marcas que yo mismo he creado, con las experiencias obtenidas más el conocimiento que busco día a día, aprendí que el que no actúa simplemente no obtendrá nada, ¿Obvio? Sí, pero veras porque lo menciono de esta manera.

Tú puedes tener una gran idea, un producto maravilloso, incluso han dicho por ahí que cierto producto se vende solo. ¿Lo crees? Claro que no, nada se vende solo, hasta el más reconocido producto tiene un trabajo de innovación y venta los cuales hace que se siga consumiendo.

Yo era de los que creía que el poner un producto o servicio en la mesa todos vendrían a buscarlo, pensando en lo que ofrecía, que era lo mejor y no podría caerse en un largo tiempo. Pero el tiempo es el único que puede acabar con lo más resistente que puede existir. ¿Cómo crees que puede acabar con una marca que se siente cómoda esperando por las personas?

Buscando un producto que volviera locos a mis consumidores me aventure en tierras nuevas para mí, la repostería, así como lo lees. Sobra decir que no tengo experiencia en esta área y no me refiero a solo vender, me refiero también a preparar, pero quise que fuera lo que me diera el éxito que buscaba al igual que otras marcas que hoy lo tienen, pero eso lo veremos más adelante.

Después de aventurarme y esperar que el éxito llegara, fue cuando mi idea, productos y marca se fueron a pique. Muchos decían que mis alimentos dulces eran de buen sabor, que debería ir por más. Era ahí cuando me preguntaba ¿porque si son tan buenos nadie los consume?

Bueno, no funciono, vamos por otra cosa, hacer un servicio de edición de video digital, no sonaba mal, incluso me la pase estudiando para lograr ese trabajo que me llamaba mucho la atención. ¿Qué paso? Nada, exactamente eso, nada ni nadie me buscaba con la intensidad que yo seguía esperando.

Algo estoy haciendo mal, me dije, entonces se fue nuevamente en picada y así ideas iban y venían solo esperando que llegara el negocio perfecto para lograr mi querido éxito. En estas historias que estás leyendo justo está la clave de mi fracaso.

Espero ya lo hayas captado, si no te dejo que lo vuelvas a leer para que lo entiendas, ……………1……………..2………………3……….... ¿Listo? Si no comprendiste lo que estuve haciendo mal aquí te lo digo. Me quede esperando, solo me quedaba ahí, haciendo pequeña publicidad y esperar a que los clientes vinieran a mí. Un error fatal que todos hacemos al emprender con la ignorancia que nos rodea, a eso súmale la falta de innovación y visión.

TU MENTE HABLA Y ESCUCHA.

¿Que estaba ofreciendo a mis clientes que los hiciera llegar a mi o mejor aún regresar por más? estaba claro que no les estaba ofreciendo nada. Y eso es la falta de visión que hace que 8 de cada 10 negocios no tengan éxito.

No solo los que nos aventuramos fallamos por falta de visón, las empresas que hacían miles de dólares que todos conocimos se fueron a la bancarrota por quedarse cómodos a que el éxito siguiera llegando, encerrarse en la comodidad y no ver más de lo que necesitaban.

Claro está el caso de Kodak, esa empresa dedicada a la venta de rollos y accesorios de fotografía, que en algún momento de la vida usábamos para capturar y recordar nuestros buenos momentos, ese monstruo que llevaba décadas como líder en la industria, se fue a la quiebra y se fue por falta de visión.

Deja te cuento un poco, cuando ellos estaban cómodos creyendo que todo iba excelente y que no pasará nada mal después de tantos años liderando el mercado, llego la innovación que ya todos conocen, el iPhone; Cuando fue presentado por Steve Jobs, fue una revelación de lo que serían ese instante el mundo moderno, la tecnología estaba dando un paso importante hacia el futuro.

Después apareció Android, la gran competencia de Apple ¿Y qué paso con Kodak? La idea más fácil que tuvo Kodak por miedo a trascender fue no querer matar al rollo que tanto les había dejado, se dedicó a creer en su antiguo producto y ahí fue cuando se quedó en el pasado. Para cuando reaccionó que debía sacar su propio Smartphone ya era demasiado tarde. ¿Entonces, qué paso con esa gran marca? Aún existe, pero solo como método de impresión en alta calidad, solo eso, de ser un gran líder, ahora es un recuerdo de que existen máquinas de impresión.

Oscar Huitrón

Le paso lo mismo como si quisieras invertir en la bolsa de valores, si un conocido te dice, invierte en tal compañía, compra acciones, olvídalo, es demasiado tarde para hacerlo. Mejor busca otras nuevas fronteras y ser el primero te dará esa gran recompensa.

Otro caso, ya más actual por así llamarlo o dependiendo de cuando estés leyendo este libro, es la gran idea que no era muy creíble en su momento, NETFLIX. Esa marca que es la actual compañera de entretenimiento para muchos en la actualidad, esa marca de la cual ahora todos hacen referencia dio un salto de innovación que hizo que la diversión visual fuera completamente diferente.

El dueño de NETFLIX el señor Reed Hasting después de analizar que era una molestia estar entregando los videos a sus tiendas y sumarle que las multas por retraso no eran muy flexibles se le ocurrió crear su marca. En esa época aun no existan del todo los dvds así que el vio un mercado potencial creyendo que sería la mejor idea para poder enviar por correo los materiales por un costo menor.

A pesar de que eran una empresa con pocos clientes, no paro y continúo viendo más allá de lo que venía a la era actual, entonces quiso adelantarse al tiempo y se acercó al líder de renta de videos que existía en esa época BLUCKBUSTER. Se le presentó la idea a los socios de la compañía que se encontraba a la cabeza en rentas de películas y al ser una compañía que igualmente que Kodak creía que su producto le generaba riqueza, ¿Por qué apostar por algo que no tiene fundamento?

Lo que pasó después fue que llego el internet y NETFLIX logró algunos contratos importantes y colocarse en dispositivos con última tecnología. Haciendo que sus consumidores decidieran usar sus servicios desde casa, en el momento que ellos deseen por una tarifa económica.

TU MENTE HABLA Y ESCUCHA.

Siendo en ese momento la innovación que todos esperaban, creciendo cada vez más llegando a cada casa y dispositivo existente mientras que para la compañía de videos BLUCKBUSTER se estaba hundiendo en su anticuada plataforma, cuando quiso ser parte del pastel del nuevo éxito en línea ya era demasiado tarde. No quisieron ver el potencial que conlleva una idea fresca, sin importar lo descabellado que suene.

En este instante se está hablando de los Bitcoins, una nueva forma de manejar cierto tipo de inversión y transformación de pagos. Cuando salió esta novedosa forma de inversión nadie creí en ella, ahora que todos lo conocen y quieren invertir en dicha moneda digital puede ser complicado por su precio actual tan alto. Cuando lo que debió hacer era creer en el proyecto y ser de los afortunados que están logrando crecer su economía como los pocos que creyeron en él.

Estos son tres casos que nos demuestra que el quedarse esperando a que llegue el éxito por si solo o quedarse cómodo con lo que existe no es la idea que nos hará estar en la sima. Incluso, lo que tenemos hoy día, como el servicio de entretenimiento o teléfonos inteligentes pueden llegar a ser en unos años parte de lo obsoleto, para eso deben seguir buscando el no comerse a sí mismos.

Los genios de la industria

Seguro en alguna ocasión has tenido la necesidad en cierto momento en alguna reunión, se te va el tiempo en la charla con los amigos, de repente es de noche y no tienes como regresar a tu hogar. ¿Qué hacemos la mayoría? Lo más común seria llamar a alguien que fuera por nosotros, pero con los avances que ya existen llamamos al salvador actual UBER.

Oscar Huitrón

Ya sabes que estar viajando por la ciudad hoy día se ha vuelto un lujo, pagamos trenes rápidos, segundos pisos y ahora servicio de transporte personal. Pero UBER no fue el primero en dar un servicio personalizado, en la parte sur de la ciudad de México ya estaba en movimiento taxis que podían ir por ti a tu punto de origen hasta el punto de llegada desde su base, con GPS sin estar cazándolos en las calles.

Ese servicio llamado UBER tienen un valor fantasma, y es la seguridad de llegar a salvo, entonces esta marca extranjera que se apodera cada vez más de las tierras Latinas no es tan original. ¿Pero que la hace especial? Lo primero que llama la atención que ya hablamos es la seguridad. Este no es nada nuevo ya hasta lo damos por hecho. Lo segundo que nos vende es un estatus social que para mí sería falso porque entre sus empleados solo podrás abordad en vehículos que estén más cerca al año que cursamos (Que no estén viejos los autos para que me entiendas).

El tercer punto lo dividiría en dos secciones, digamos 3.0 y 3.1 para aclararlo bien. En el 3.0 se puso a la vanguardia usando lo que para nosotros era la novedad, las apps, usando tu teléfono inteligente que ahora es tu herramienta más importante, puedes ya hasta conseguir y vigilar tu camino, ¿Qué mejor herramienta que el internet?

En el 3.1 está la comodidad de cero efectivos, lo das de alta una sola vez con tu tarjeta y tienes vehículo con chofer al momento que lo requieras sin preocuparte de cómo pagar el viaje.

Estos serían los valores que más admiramos de la marca, y no están mal, ya que nos cubre esa necesidad como ciudadanos. Pero para mí el gran valor es el que tiene como lograron ser genios e innovadores creando novedad en la actualidad y no tanto en un plan de futuro. No hacen nada que no conozcamos ya, sin embargo, el poder que tiene como empresa es su cero de

TU MENTE HABLA Y ESCUCHA.

inversión. Si lo vemos más directo nos podemos dar cuenta que UBER tiene una flotilla de transportes, pero no pose ningún auto.

Como varias empresas que se dedican al desarrollo y distribución de sus productos, no tienen en su nómina a choferes o transportes, ellos lo que hacen es contratar servicios de transporte para cumplir con su necesidad. ¿Y no sería más económico tener su propio vehículo? En otros casos sí, aunque la demanda de mover producto o en este caso personas de un punto a otro, es en gasto de mantenimiento.

UBER como las empresas que ya dijimos, no poseen autos o camiones por varias razones: No tienen personal en su nómina directa, No tiene autos que le estén acaparando espacio, No gasta en mantenimiento de los mismos. Si el trabajo afloja un poco, no debe preocuparse por cumplir con la nómina de nadie. Eso es aprovechar el potencial y sus herramientas de la gente que usa la marca para un fin de éxito y menos pérdidas.

Este caso es similar a las compañías de reclutamiento externas o como hoy se les conoce **outsourcing,** los cuales son contratados por algunas compañías. Esto si tú lo usaras tendrías una gran ventaja, y es el mismo caso de los transportes. Supongamos que tienes una empresa que le está yendo muy bien. Pero quieres abrir una nueva plaza o está por desocuparse alguna.

Cosa que no haces muy seguido, entonces como la mayoría de las empresas tienen su área de recursos humanos y ellos se encargan de conseguir a la gente que cumpla con el perfil y llevan un control de todo el movimiento, pero un **outsourcing** hace el trabajo por ti. ¿A qué me refiero? A que si no cuentas con un área de RH no tienes que pagar una nómina en tiempos muertos para el reclutamiento de personal. Solo los contactas para que te puedan encontrar el perfil que necesitas y una vez obtenido el personal, te despreocupas temporalmente sin estar cubriendo cada tiempo un salario.

Oscar Huitrón

Ejemplos como estos casos podemos hablar y hablar, todos con el mismo objetivo que es estar a la vanguardia sin esfuerzo extra he inversión mínima.

Tips no verbales

Cuando de llevar la delantera se trata, el saber estos datos de la imagen no verbal nos facilita el manejo de la situación que tengamos en frente como lo viste varios párrafos atrás. La comunicación que reflejamos, los objetos cerca de nosotros pueden ser tu perdición o tu salvación. Entonces vamos a ver cómo usar los siguientes puntos.

1. Cuando estamos conversando con alguien, existe la posibilidad de que sea de esas personas que no saben mantener la distancia y respetar tu espacio personal, al nivel que te sientes invadido/a y sentir que caes de espaldas por mantener una distancia entre ustedes. Lo que se debe hace en esos casos es adelantar un pie dándole a la otra persona una señal inconsciente de guardar distancia, así amplias tu espacio y no podrán acercarse más.

2. Tu teléfono puede ser arma de doble filo, ya que, si lo colocas por ejemplo en una cita de trabajo, comunicaras que esperas algo más importante y no dudaras en tomar cualquier llamada entrante, eso puede ser una señal de poca atención a tu compañía, además de que puede distraer tu atención si llegase algún mensaje. Mantenlo guardado solo en vibración y a menos que esperes una llamada urgente evita hacer uso de él.

3. Seguro has tenido esas conversaciones donde tu interés está por los suelos, pero no quieres ser grosero/a y tratas de demostrar atención. Lo ideal para estos casos sería inclinar tu cabeza a la izquierda (sin exagerar), esto

demostrará al cerebro de tu conversador que pones atención, si a eso le agregas acentuar ligeramente 3 veces, dará un mensaje no verbal de atención y saldrás bien de esa conversación.

4. El lograr que nos acepten una idea, proyecto o a nosotros mismos no es una tarea fácil, llámese jefaturas altas, clientes, socios, etc. Pero es aún más difícil cuando notas que tu interlocutor está cerrado o medio cerrado. Eso es cuando te está viendo, escuchando, pero conserva lo pies y brazos cerrados no muy convencido de lo que estas proponiendo. Eso demuestra que aún falta que le des la clave para que se relaje y te de ese gran sí. Si has encontrado la manera de eliminar un miedo o necesidad sobre ellos, podrás notar como su cuerpo se relaja y en verdad te pondrán atención para saber más del tema.

5. Los grandes líderes de empresas utilizan el lenguaje de la cúpula, y es juntar las yemas de los dedos, una mano apoyada en la otra con los dedos separados en posición vertical (hacía arriba). Esta pose refleja autoridad, seguridad. Pero cuidado, si tapas de más tu cara cerraras los canales de comunicación y no lograras nada más que te digan gracias y buen día ya que pierdes credibilidad.

6. Al saludar podemos dar una buena imagen, pero si al hacerlo tocas en el brazo del otro, transmitirás cordialidad, calidez. Un experimento demostró que las personas que tocan tienen más probabilidades de ser recordadas y generar empatía a sus futuros clientes. Pero

atención, evita el tocar en el hombro y a las mujeres solo con la palma.

7. El rostro puede decirte "te pongo atención" cuando te están viendo con el rostro de frente, pero el cuerpo apuntando a otro lado quiere decir "en realidad no tengo interés y quiero irme". Normalmente se ve más en el pecho, pero algunos ponen todo su cuerpo listo para huir. Pero si se encuentran totalmente de frente a ti y además ves que coloca la mano en la barbilla, en realidad están atentos a lo que dices.

8. Una bebida puede ser la diferencia entre éxito y fracaso, ya que al estar con una persona que tenga una bebida en la oficina, reunión con gente de ambiente o incluso en un bar. Si la persona con la que conversas tiene ese objeto sujetado entre ustedes, creme mejor da la vuelta porque te está poniendo una barrera, es un método de sentirse seguros o seguras, similar al cuidar el espacio personal con el pie. Si tú comunicas con esta acción pero no quieres que se vayan, abre los canales de comunicación dejando tu bebida o sosteniéndola con el brazo a nivel del hombro.

9. Los ojos al hablar, vaya sí son de tema esta parte del cuerpo cuando de leguaje corporal se habla. Y es muy común que siempre creamos lo que nos dicen, pero ¿debemos? Si tienes la confianza, tal vez puedas, pero si no la hay, solo debes mirar lo ojos y saber si lo que te dicen es verdad o no. Cuando platicas con alguien y le preguntas ¿quien estuvo en la fiesta de anoche?

Normalmente lo ojos verían a su lado izquierdo, ya que esta conectado con la sección de tu cerebro donde se almacenan los recuerdos, esto demuestra que está buscando un recuerdo. Pero si al hacer esta pregunta y mira a la derecha se dice que no está recordando, en lugar de eso se está pensando en una respuesta, y claro, te están comunicando QUE NO FUE A LA FIESTA.

10. La ansiedad se puede presentar de varias formar visuales que podemos descubrir muy fácil. Es una manera de querer calmar ese sentir, por lo cual, si no quieres que se note, trata de evitar jugar con un anillo, un reloj, los dedos, incluso al dar una respuesta podemos caer en el hábito de llevarnos las manos al cuello para evitar el nervio tratando de calmarnos al decir una respuesta equivocada.

TU MENTE HABLA Y ESCUCHA.

NeuroMarketing:

Todos los días estamos siendo bombardeados con marcas, publicidad y estrategias de marketing, tanta información visual que se a manejado de la misma forma que ya es lo mismo por lo que se ha vuelto tan monótono que es como si no existieran. Como la frase que he escuchado desde mi juventud: VEO TODO Y NO VEO NADA.

Aun así, existe publicidad con mayor éxito, tanta que nos hace más efecto que el resto de las estrategias publicitarias en las calles. ¿Pero porque este sí y las demás no?

Todo tiene que ver con el Neuromarketing, esta ciencia que está siendo usada cada vez más por los expertos tomando el control de la comunicación hacia el consumidor. No es para sorprendernos ya que esta ciencia está siendo enviada a las zonas de tu cerebro que ya viste al principio de este libro: tu cerebro reptil y el cerebro emocional.

Si, otra vez esos ejemplares subconscientes que están dentro de tu cabeza son los causantes de que podemos ir corriendo a comprar el nuevo teléfono inteligente que esté de moda. Ya quedo explicado el cómo y porqué de estos cerebros. ¿Pero cómo hacen los publicistas para lograr ese efecto? ¿Quién ha podido hacerlo?

Oscar Huitrón

Antes de explicar cuáles son las tácticas que utilizan los publicistas para crear esas campañas que nos dejan en la mente la marca grabada y las ganas de comprar, veamos unos ejemplos de algunas compañías que han tenido el poder de "manipularnos" con su producto a través de la información visual.

¿Sabes que tienen en común, la amistad, felicidad, la familia y Santa Claus? Que todos esos mensajes los proporciona esa enorme marca que se llama Coca Cola. Si has notado en cada anuncio de televisión o publicidad en las calles, verás que esta compañía de refrescos sabe muy bien cómo manejar la mercadotecnia.

Si nos podemos a observar siempre veremos a una pareja feliz en un momento agradable, los amigos, pasándolo de lo lindo disfrutando una bebida fría ¿Qué tal la familia? Nunca puede faltar una familia comiendo todos juntos disfrutando cada plática y por último el barrigón vestido de rojo favorito de todos (o casi todos). Además de ser una imagen creada por la misma marca, utilizan a esta figura que en lo personal es la imagen perfecta de lo que hacen todo el año, transmitir felicidad, paz y momentos increíbles. Entonces en concreto, la marca nos dice que serás feliz tomando coca cola.

¿A dónde llega ese mensaje? A tu cerebro reptil, porque nadie quiere ser infeliz estando solo, y como nadie quiere estar solo e infeliz, entonces tomemos todos Coca Cola para buscar esa comodidad con la tribu y ser aceptados para sobrevivir.

Otro caso que fue resuelto por el equipo del comunicador Jürgen Klaric donde la campaña y el desarrollo mercadológico de McDonal's hace años atrás era un caos.

Lo que sucedió con esta empresa fue que sus ventas se empezaron a desplomar cuando la gente ya no quería ir al establecimiento porque les interesaba comer más sano (según ellos).

Pero ¿era esto cierto? ¡Claro que no! El ser humano le gusta matarse sin importar con que sea, llámese comida, bebida o adicciones.

Entonces al recibir esta información la compañía de hamburguesas empezó a vender ensaladas mientras que otras marcas comenzaban a producir productos más dañinos al cuerpo. Por lo que la idea de McDonal's le salió contra producente al darse cuenta del comportamiento del consumidor ante sus decisiones.

Se llegó a la conclusión de que el ser humano es el único ser vivo que le gusta vivir para matarse, el cerebro busca más grasas sin importa que, Incluso es sorprendente que vayas a buscar una ensalada y sea más cara que la comida chatarra.

Si el comer sano no es algo que busque nuestro cerebro, el notar el precio que es estar sano, preferimos decir vamos por unas hamburguesas. ¿Cómo hacer para que lo sano nos llene de placer y cubrir la necesidad que tiene nuestro cerebro? Solo hay que meterle peligro a nuestra comida. Un ejemplo que me encantó cuando escuche este caso fue de imaginar un plato de brócoli ¿te llama? Tal vez no, porque no vas por la vida pensando quiero unos brócolis para estar sano, pero ahora si haces un cambio visual donde el daño es el primordial foco de atención tendrás mayor asertividad, ahora imagínatelos todo bañado en un delicioso queso derretido por todos lados, la verdad ya se ve muy apetitoso.

Y eso es lo que el neuromarketing hace en nuestra cabeza, estudiarnos, que es lo que realmente nos hace llenarnos de dopamina y querer buscar esos comercios con el fin de seguir obteniendo peligro.

Podemos seguir hablando de diferentes casos, como lo cigarros, el alcohol incluso las relaciones que llevan a una tercera persona. Pero lo que quiero que entiendas es como la neurociencia está estudiando los casos que no te imaginas logrando descifrar los misterios de tu mente hacia tu existir y consumo.

Cuando de publicidad, producto e innovación se trata hay un dicho que es muy común en estas ramas: *EL CONSUMIDOR NO SABE LO QUE QUIERE.*

Y es verdad, cuando ya sabes que existe algo y está registrado en nuestra cabeza desde hace años, ya no le damos la misma importancia. Pero si te encuentras algún producto que tiene una función espacial pero que no deja de ser un producto básico. Lo

TU MENTE HABLA Y ESCUCHA.

deseamos tanto que está por convertirse en nuestra nueva adquisición.

Hace tiempo vi un programa donde realizaron un experimento, ofreciendo en un puesto comida carne de tejón y ardilla, pero la mente al escuchar de qué tipo de animal era, los peatones rechazaban la oferta, aunque fuera gratis.

Lo que paso después fue que empezaron a enviar el olor de la carne al público junto con un audio de carne asada, donde se escuchaba como la carne se cocinaba en su jugo. El resultado fue positivo, la gente que pasaba empezó a probar el alimento con aceptación para darle la oportunidad a dicho producto el cual les fue muy sabroso (aunque en realidad era carne de res y puerco).

Otro ejemplo de sentidos se realizó con unas papas fritas, pero los voluntarios se colocaban unos audífonos y debían probar los snacks frente a un micrófono donde solo ellos podían escuchar el tronido de las papas y calificar cada una de ellas. El punto aquí es que las papas eran las mismas y los voluntarios daban calificaciones a diferentes papas. ¿Por qué pasaba esto? Porque al estar frente al micrófono los voluntarios escuchaban el tronar del snack. Donde los científicos subían o bajan el volumen. Y notaron que para los que les sonaba más fuerte eran los que mayor calificación daban a las papas fritas.

¿Y qué hay que saber sobre los colores? Tienen un papel importante, los que saben de diseño gráfico saben que existen colores que se les denomina fríos y cálidos. ¿Pero qué significan cada uno de ellos? ¿Qué mensaje nos están transmitiendo?

Vamos analizar los colores y que tipo de empresas los usan para reflejar su imagen con el tipo de mercado que quieran llegar.

Rojo:

Se usa para transmitir varios mensajes visuales en el diseño y la publicidad. Es un color que al verlo te puede transmitir poder, dinamismo, violencia, acción, pasión, calidez, peligro. El uso de este color puede llamar la atención por su calidez y significado del fuego e incluso sangre.

Según la psicología del color puede ser usado en productos de consumo humano, ya sea alimentos, productos que simbolizan autoridad como la marca de autos. Es un color agresivo, así que debe ser usado con cautela.

Al tener la pigmentación de poder y que llama la atención puede ser mal usado si no se sabe la imagen de la publicidad que se quiere llegar, si es mal aplicado puede existir la posibilidad que el consumidor lo tome muy agresivo y se retire.

Algunas marcas que llevan este tipo de color en su publicidad e imagen corporativa son: Mc Donal´s, Toyota, Coca Cola, Marlboro, etc.

Azul:

Un color frio, que siempre relacionamos con el cielo, agua, incluso viento. Al ser de tonos naturales nos lleva a pensar en salud, pero no está de lado el saber que es un color que demuestra profesionalismos y confiabilidad.

El color azul tiene dos caras de la moneda, porque por un lado puedes notar seriedad en tonos más fuertes, pero a la vez sientes una calma con tonos más claros.

La tecnología no se escapa de ser representado con los tonos azules, por ser tonos de profesionalismo es necesario que lo seamos en la era digital. ¿Has notado que las empresas famosas son representadas con tonos azules? Si no, revisemos que es lo que usas todos los días como Facebook, Twitter, DELL. No

TU MENTE HABLA Y ESCUCHA.

olvidemos que los bancos y las aerolíneas también son muy profesionales y deben estar apoyados con la imagen del azul.

Verde:

La naturaleza está en todos lados, incluso en las marcas que menos te imaginas que te están vendiendo una imagen de libertad.

La vida, frescura e incluso la salud están respaldados con la psicología del color que nos hace estar más relajados al momento de consumir marcas verdes. ¿Qué te dice el verde? ¿Acaso tiene un significado más poderoso? Y yo te digo que sí, aunque no lo hayas pensado, el verde como cada día lo hemos visto y manejado, lo que pasa es sencillo digamos una jerga del dinero.

Por eso siempre vemos que es el símbolo del billete con el que más se representa este color en cuestión de poder económico.

Marcas que nos hacen estar más naturalizados serian como Animal planet, Gasolineras bp, bebidas energéticas Monster, productos de limpieza hogareña. Si te quieres sentir con energía y más libre de todo, el verde es para ti.

Amarillo:

Seguro ya estás pensado que este color te da una sensación en tu cabeza de energía, calidez, dinamismo, luminosidad, alegría, naturaleza y algunas más. Claro que tienes razón, no conozco otro color que te de ese mensaje tan fuerte y con varios significados como los que representa.

Sin embargo, he notado que las marcas no usan este color como su tonalidad principal. Pero con una parte de ello como detalle créeme que es suficiente para que la mente del público asimile estos tonos.

Marcas que podemos tomar en cuenta como ejemplos serían los arcos de la marca que no soltamos, Mc Donal´s, Ferrari, Natgeo, Best Buy. Haa pero no olvides que si estás en la industria de los alimentos, este junto con sus primos que ya veremos es excelente para abrir el apetito.

Naranja:

Él, es uno de los primos de que ya vimos, este color según los expertos demuestra dinamismo, diversión, juventud y a su vez alegría. No me sorprende que lo usen con imágenes de compañías reconocidas que tratan de llegar a consumidores más jóvenes.

Está el caso de las marcas como Fanta, Nick, Blogger, pero al mismo tiempo tenemos marcas que les ha funcionado bien al saber que en nuestra cabeza pensamos en el hogar ya sea el caso de Comercial Mexicana, Home Depot, incluso Televisa que se encuentra en cada receptor de cada casa.

Si tienes alguna idea de crear una marca de producto o un servicio que puedas atraer más que nada al público joven, ahora sabes que este color es el ideal para el trabajo.

Morado:

Este es uno de mis colores favoritos a la hora de crear algún diseño o publicidad ya que este color representa el lujo, la realeza, sabiduría, imaginación y fantasía.

TU MENTE HABLA Y ESCUCHA.

No por nada Yahoo!, esa compañía que fue superada con el tiempo, pero como olvidar que fue nuestro primer buscador sin embargo al final tuvo un cambio en su imagen de color a morado para representar la información que él contenía; O que tal la cadena de ropa Suburbia que te hace sentir que vistes a la moda y cada vez que te pruebas algún traje o vestido te sientes una persona ganadora.

Rosa:

La feminidad, inocencia, dulzura, timidez, pero a la vez diversión y claro está romance, son las emociones que puedes obtener de este no muy común color usado hoy día.

He notado que la gente en México ha dejado de usar el rosa, tal vez por ciertas costumbres machistas o falta de moda ante este tono delicado, pero en lo personal un rosa bien escogido a la tonalidad de la piel da una imagen muy agradable.

Cuando hablamos de comunicar en cuestión de imagen de marca, es muy común encontrarlo en compañías de muñecas, de mascotas tiernas, ropa para dama hasta en un personaje divertido pero tierno como Hello Kitty que tan solo de verla por las fans, llegan a desear todo lo relacionado con ella. Si a este personaje le sumas la tonalidad rosa comunicara la dulzura que busca el consumidor.

Café:

¿Quién no ve un color café o marrón y piensa inmediatamente en chocolate? Esto pasa cuando en tu cerebro esta archivado la relación del cacao, la tierra o lo natural.

Pero este color no acaba aquí, se puede usar para que lo tomes en cuenta para decirle a tus consumidores que eres una marca para caballeros, rural, humilde, cálido. Podría comentarte más marcas, pero las que piensas en este instante son las que han funcionado con su marketing de posesión de marca.

Así que si tu giro para colocar una marca o negocio que se dedique a los muebles de madera, alimentos, postres algunos accesorios para caballeros ten en cuenta al marrón, veras que demostrara la imagen de tu negocio.

Blanco:

Hoo este color tan puro y limpio que rara vez es utilizado en imágenes corporativos, y lo que pasa es que en la actualidad con tantas marcas cayéndonos cada día sería muy difícil que un logotipo en blanco pueda resaltar de entre los demos.

Pero la pelea no está perdida, el blanco tiene un significado que muy pocos pueden llegar en su totalidad a tu cerebro. La paz viene con él y no se hable del infinito. Así que si lo puedes usar como lo hacen ciertas marcas, en el marketing puedes hacer que tu producto se vea más limpio, con suavidad al igual que nobleza, sencillez hasta ingenuidad.

Negro:

Los que saben llegar tarde, saben llegan con elegancia como nuestro último color que de poder se trata es de los que mejor puedes usar. Es un color que puedes usar y verte misterioso o asociarte con el silencio.

La satisfacción, valor, muerte, prestigio y simplicidad van de la mano con este tono oscuro.

Las marcas que lo usan como color base tienen más facilidad en hacer variaciones en los colores de su marca por ser un tono simple y neutro.

TU MENTE HABLA Y ESCUCHA.

Neurotips

Si te has percatado en todo este tiempo que hablamos de que, si la imagen es roja o verde, estamos hablando de la imagen que nos están tratando de vender. Si conocemos como se maneja el neuromarketing o las ventas sabremos por donde quieren seducirnos o mejor aún como seducir a los demás.

Como te lo mencione hace ya varias páginas atrás, no soy neurocientifico pero si un ser que toma el placer de compartir mis enseñanzas. Solo te estoy transmitiendo las experiencias, datos y conocimientos que tengo para que tú puedas mejorar las habilidades que tienes.

Hace poco me enteré del "truco" si tienes una cita de ventas y vas con un cliente difícil de roer, no olvides llevar un dulce que tenga de 70% a 80% de cacao. El chocolate es bueno, pero el caco es mejor. ¿Por qué? Porque el cacao está comprobado que realmente te hace más feliz a pocos minutos de haberlo comido y claro es natural. Los postres o dulces de chocolate que encuentras en cualquier esquina contienen alrededor de 15% de cacao y lo demás es azúcar lo que estás degustando. ¿Te da alegría? Sí, pero es menor el tiempo de esa sensación y la baja de ánimo es peor.

Un dato que te puedo dar en cuestión de reuniones a comer para realizar un negocio o ventas es: *NO HACER COMIDAS DE NEGOCIOS.*

Lo sé, y dirás entonces Oscar, ¿cómo funciona el no hacer comidas de negocios si todo mundo lo hace?

Es muy fácil, no hagas comidas de negocios, haz desayunos de negocios. En el mundo de los negocios es bien sabido que un desayuno es mejor aceptado y más probable que tengas mayor éxito a la hora de exponer tus ideas.

Cuando cites a un próximo socio o cliente, asegúrate que establecer la cita a una hora que no haga corte a las actividades de cada quien. Un lugar agradable y con poco ruido ya que en la reunión se estará conversando.

El desayuno es más cómodo ya que en las tardes se presta a dos cosas:

1- La gente ya viene fastidiada de la oficina, la ciudad, y es probable que no llegue con la mejor actitud, súmale que todavía tiene que echarse toda la conversación que tienes preparada.
2- Si la tarde es favorable y haces una buena conexión con la otra persona puede prestarse a una copa para el estrés, otra para la sed, otra para convivir y cuando menos te des cuentan, ya son las diez de la noche y estás haciendo desfiguros.
   Cuando te encuentras en situaciones como esas pierdes la oportunidad de hacer negocios en ese instante y la imagen que recibirá el futuro cliente o socio es de una

persona muy poco profesional que le gusta la fiesta a cada momento que se le presente.

Si al llegar el futuro cliente o socio con quien te deseas relacionar no pide una bebida no es bien percibido que tú lo hagas. Al contrario, si esa persona realiza un pedido de alguna bebida es porque es alguien que denota un gusto por una bebida moderada y tiene todo el derecho de pedir lo que le agrade, por lo cual, las reglas de negocios indican que tú también debes hacerlo.
Recordar que cuando estamos frente a un prospecto, la percepción lo es todo y no debemos adelantarnos a ciertos hechos que puedan suceder.

Existe una regla de oro que incluso en reuniones más personales debemos respetar y es que si la persona con la que te citaste no bebe, TÚ NO BEBES y no se debe incitar a que la otra persona lo haga porque no solo quedas mal tú si no la empresa entera que representas.

Ten mucho cuidado con lo que te voy a comentar, no vayas a cometer un error en esas reuniones porque se acaba el negocio.

EL QUE TIENE EL INTERES DE HACER NEGOCIOS ES EL QUE PAGA LA CUENTA.
Así que no se te vaya a ocurrir querer dividir la cuenta o enviarle la factura del desayuno que tuvieron hace dos días. Si el presupuesto que tienes no te da para pagar el desayuno, en ese caso selecciona un lugar donde puedan cargar con esa inversión. Considera que el cliente o socio puede pedir todo lo que este en la carta. No pretendas hacer presunción si no puedes cargar con ello.

Los géneros no importan, cuando hablamos de negocios y la mujer es quien realiza la cita para negociar o hacer intento de venta, ella debe de respetar el punto anterior. No porque se acostumbre que los hombres paguen las cuentas (lo cual es correcto), en los negocios la dama debe ser quien tome el roll de hacer la invitación de dicho compromiso.

Te recomiendo que cuando estén ya con sus alimentos frente a ustedes apunto de consumir, no hables de negocios en es aparte de la reunión, mejor platica de lo que te pueda dar más información para llegar a la meta. Ten una conversación natural, el cliente o socio no quiere pensar en números mientras este comiendo. No olvides que se vende más escuchando que hablando.

Lo que se recomienda en esos casos es llegar hasta el postre, y cuando se los ofrezcan es el momento de hablar de ese tema que tanto le interesa (si no, no estaría allí) es como invitar a salir a la chica más guapa para ti, no la besas en plena cena, ¿verdad?

Cuando pidas la cuenta ten en cuenta lo siguiente:
1-Revisa la cuenta rápidamente sin hacer suma de cada cosa que se consumió, darás una percepción de que eres demasiado quisquilloso.
2-Si algo está mal en la cuenta, revísalo inmediatamente con el mesero, así podrá ver que eres alguien que está atenta y es exigente (lo cual es un punto a tu favor, pero no te peles con el mesero)
3-Si es un lugar donde ya te conocen puedes decir que te manden la factura a tu oficina o bien encargar tu tarjeta para que se haga el cobro

TU MENTE HABLA Y ESCUCHA.

inmediato y no se desconecten por estar viendo la cuenta.

4-Llega al menos 20 min antes para asegurar un buen lugar y solicitar al jefe de camareros la atención que va a requerir tu reunión, como agua, la carta, etc.

Hay que tomar en consideración que el cliente o el nuevo socio está en toda libertad de pedir CUALQUIER COSA DE LA CARTA. Entonces no quieras ser presumido y lo lleves aun lugar muy extravagante si no puedes costearlo.

¿Me hablas a mi o a ella?

Seguramente te has encontrado con vendedores que están programados para decirte las mismas frases para venderte una casa, smartphone o servicio.

Los comentarios acerca que hombres y mujeres son igual es errónea, podemos tener los mismos derechos, pero cuando de venderles algún producto o servicio estamos hablando de dos mundos diferentes.

Ya hemos tocado este tema antes, pero en esta ocasión veremos unos ejemplos descubiertos que podemos utilizar a la hora de vender.

Los vendedores saben que las ventas ya no se tratan de gente con táctica o un don, todos ellos saben que las ventas se han convertido en una ciencia que debes saber dominar para lograr el tanto esperado cierre del negocio.

He visto que los expertos en esta área utilizan mucho el ejemplo de la casa ¿Cuál casa dirás tú? La que esté buscando el cliente.

Como te lo mencione, el cliente no sabe lo que quiere, en ese caso vamos a comentarle los puntos importantes de el porque se debe ofertar por ese inmueble.

Hay que dejar claro que las neurociencias, en especial las neurovetas no se trata de manipular a los clientes, es una mentira muy grande.

Los datos y las experiencias que he tenido, son con respecto al si a tu cerebro le gusta el verde, yo te voy a vender el color verde. No se les puede vender un color rojo, por ejemplo.

Bien, entonces supongamos que trabajas en una agencia de bienes raíces, y tienes una cita con una pareja casada que busca cambiar de hogar.

Son jóvenes, sin niños, los dos con carrera exitosas, les gusta tener lo mejor que puedan conseguir, sin embargo, están planeando hacer crecer su familia.

Él es un ejecutivo, que gusta de los deportes en el campo, amante de los autos y reuniones con los amigos. Le gusta trabajar en sus proyectos personales, viaja muy seguido para cerrar trataos millonarios por lo que debe dejar a su pareja algunos días en casa.

Ella, es independiente, se dedica a la repostería profesional, por las mañanas hace yoga y le gusta vestir a la moda.

Después de haber leído esta información ¿a quién le debemos vender la casa? Si dijiste que, a el hombre estas en un error, perdiste la venta. Porque lo hombres no se interesan en la casa, y gustan por complacer a su pareja.

Está demostrado en el mundo de los bienes raíces, quien escoge la casa es la mujer, por ser una situación genética que tenemos desde hace millones de años, donde las mujeres son quien cuidan a las crías y el hombre sale a casar (puede que suene misógino, pero estamos hablando de ciencia únicamente). Entonces como estamos acostumbrados desde las tribus, las mujeres son quienes toman la decisión acerca del hogar.

Ahora ¿Por qué del hombre te di varios tips y el de la mujer solo tres? Y es muy fácil, porque los vendedores que no conocen las neuro-ventas siempre se enfocan a hablarles mayormente a los hombres por ser los portadores de la chequera.

Lo cual, para cerrar la venta están cometiendo un error garrafal, debemos de enfocarnos a las damas. Sí, te di tres tips solo de ella, pero con esos tres tips puedes saber que ofrecerle.

Te comenté que se dedica a la repostería, entonces debemos enfocarnos en la cocina, mostrarle que tiene el espacio para hacer su trabajo con el espacio necesario, haciendo énfasis que con la ventana que se encuentra ahí mismo, recibirá la luz de la mañana y tendrá su espacio de trabajo muy iluminado, con un horno de gas apto para todo tipo de platillos.

Las que no gustan por cocinar y tengan bajo sus servicios a personal doméstico, también buscaran la cocina. Suena raro, pero así es, a ella le gusta enseñar a sus amigas la gran cocina de mármol, con madera importada y línea blanca de primera (aunque no haga ni un pan tostado) solo dar una percepción de que es muy hogareña y ve por los suyos.

Que pasa ahora, recuerda que nos comentó que le gusta hacer yoga por las mañanas, entonces lo que se le debe ofrecer es ver el jardín de atrás. Siendo el yoga una actividad que tienen que ver con la naturaleza y el cuerpo, entonces le vendría excelente ver que tendría un jardín espacioso, verde, con el área privada para su concentración, oliendo en ese lugar las flores que expiden un aroma suave y dulce.

Por último, le gusta vestir a la moda, entonces ya sabes a donde dirigirte, así es, a los armarios, un armario no es para ellas un mueble donde puedan guardar sus blusas, zapatos, abrigos, etc. Para ellas es una boutique que pueden visitar cuando quieran, con el espacio para toda su ropa, más lo que vaya obteniendo con el paso del tiempo en las tiendas de moda, unos panales amplios para colocar sus zapatos sin maltratarlo y tener la opción de ser una mujer diferente cada día.

Los hombres suelen tener una pequeña parte para ellos solos, ya sea la habitación de tv o normalmente es el garaje donde encuentran el espacio que necesitan. Ellos no se preocupan mucho por la casa, ya que están ocupados ganando la economía para el hogar.

Estos datos que vimos hace un momento para poder dar a la pareja un espacio donde podrán realizar su familia y estar cómodos con los beneficios que ellos necesitan, es una estrategia que los vendedores con experiencia utilizan.

Y esto es, porque ya se sabe que hoy día se vende más escuchando que hablando. Es el resultado de conocer los miedos que tiene la pareja (en este caso la mujer) lo cual lleva a los expertos en neuro-ventas a saber de los estados del cerebro con el que abrimos este libro.

TU MENTE HABLA Y ESCUCHA.

Ya sabes ahora que las mujeres buscan el hogar perfecto ¿y qué hay de los hombres? ¿Se les puede vender igual?

Digamos que sí y no, recordemos que al comunicarnos con un hombre se debe ser breve, no dar tantas vueltas. Ya que sus cerebros se desconectan más fácil si hay toda una historia de por medio.

Veamos otro ejemplo, que te parece si quieres vender un celular, el último modelo de la marca que quieras. Tiene la mejor tecnología que te puedas imaginar.

Fibra de carbono antiderrapante, también tiene un procesador de doble núcleo, con memoria Ram de dos terabytes, con memoria interna de dieciséis GB expandible a treinta. Una pantalla de seis pulgadas, sin olvidar la cámara trasera que tiene treinta mega pixeles.

Si eres mujer y estás leyendo esto, seguro que te aburrió leer todo estas características y tu cerebro se desconectó al instante al contrario de ser hombre, sabes que es lo que buscas.

Y eso pasa porque los hombres requieren complicarse la existencia, pero no es que ellos quieran, son los genes de años y años que nos hemos vuelto así. Las mujeres buscan en la tecnología que le sea la vida con mayor facilidad.

¿Qué pasaría si al querer vendérselo a una chica le decimos los siguiente? Mira Isabel, este teléfono te va a ayudar a recibir mejor las llamadas porque tiene la mejor recepción, tiene una pantalla HD que podrás ver hasta el hilo de tu sweater, además tiene esta cámara con una calidad donde podrás obtener los mejores enfoques cuando vayas de viaje, solo tiene un botón y tiene el espacio suficiente para que puedas bajar todas las apps que gustes.

Ahora puedes ver la diferencia cómo podemos venderle un producto o servicio sin importar el sexo que tengas en frente. ¿Te has dado cuenta que los iphones los usan más las damas que los caballeros?

Para cada producto claro está, existe cada consumidor, no podemos obligar a alguien que gusta de los gatos a que compre comida para perros.

Pero si te enfocas en los amantes de los perros, puedes tener más éxito si sabes por donde ofrecer tu producto. Un descubrimiento sobre este mercado es que la gente que ama a los perros, no tienen perros. ¿Como? No entiendo, me dirás.

Lo que sucede es que el consumidor no tiene una mascota, tiene un Boby, un Pulgas o incluso Frank o Frida. Y son parte de la familia y son seres que al formar parte de ti tratas de buscar lo mejor para ellos.

Si tienes un negocio donde vendas productos para los amantes de los animales, puedes utilizar este ejemplo para tener más éxito en tus ventas.

¿Pero y los servicios? ¿Cómo se venden? Sabemos que ser vendedor de seguros puede ser muy arriesgado y cansado, de hecho, cuando me tratan de vender alguno, pongo atención en sus palabras ya programadas que les enseñan y claro, no compro nada.

No les compro porque en realidad no me están vendiendo nada, no le están hablando a mis otros cerebros y como resultado mi interés es nulo, porque no les enseñan cómo hacerlo, solo los programan como robots a decir y decir sin ningún mensaje asertivo.

La nómina:

Como a todos nos ha pasado por cuestiones obvias de necesidad, tuviste que asistir a cientos de entrevistas para poder entrar a la nómina de esa compañía.

Cómo a mí, te topaste con varias paredes, lugares en donde te ilusionaba entrar, dar lo mejor de ti para crecer y establecerte en esa compañía. Pero, sorpresa no fue así.

Y pasas de una entrevista a otra sin lograr conseguir el puesto que anhelabas, y en ocasiones terminabas en un lugar no muy grato de tus intereses.

Yo, por ejemplo, mandaba mi curriculum a esperar la llamada la cual casi nunca ocurría y me preguntaba ¿Por qué no me hablan? ¿Qué pasa? Y la respuesta era muy obvia, mi curricular no estaba vendiendo como debía y por ende no tenían interés en marcarme.

Entonces para empezar, si tienes un problema similar algún día, te recomiendo que hagas un cambio radical. Si no sabes cómo hacerlo, existen expertos en la materia que pueden guiarte o hacerlo por ti donde se enfocaran en sobre saltar tus logros y será más atractivo para que puedas agendar una cita de trabajo.

Pero en lo que llegas a encontrar quien pueda ayudarte a mejorar tu curricular voy a mencionarte que es lo que notan los reclutadores que hagan esa gran llamada o no.

Y lo que sucede en estos casos donde no te llaman es porque llegan a encontrar curriculas que no están aptas para incluso pensar en llamarte.

Empecemos con los errores más comunes que realiza un candidato:

-Que no contenga todos los datos completos del aspirante, ya sea número telefónico o correo electrónico. También te puede fallar si los datos están erróneos como colocar mal tu propio nombre.

-Faltas de ortografía, es muy importante que cuides este detalle ya que los reclutadores se dan cuenta y suele ser un error fatal, no importa qué nivel académico tengas, ellos valoran esto.

-No incluir una carta de presentación puede disminuirte puntos, tomate el tiempo de redactar una carta que refleje tu persona y lo que puedes hacer por la empresa (es de presentación, para venderte es la entrevista).

-No especificar claramente el puesto y actividades que desarrollaste anteriormente con el valor que hayas aportado en dicha posición. Si tuviste en tu cargo el llevar papeles o llenar bases de Excel, ok, pero ¿qué fue lo importante o trascendental que le de peso a ese puesto?

-El diseño de tu curricula debe ser original, simple y que llame la atención, no más de 2 hojas, si es una platilla de word y con información como todos los demás, lo dejan en la pila de: ver más tarde. Un detalle que me han comunicado es que puedas colocar en el lado izquierdo de la hoja tus datos, escolaridad. Correo, NSS (Numero de Seguro Social) etc. Y el resto de la página tus experiencias.

TU MENTE HABLA Y ESCUCHA.

-Claridad en los últimos tres puestos como máximo sin tantos rodeos, donde incluyas el tiempo que duraste en ese empleo ya que notaran si rotas mucho o no en los empleos. Evita colocar diez y lo primero que deben leer es el último empleo.

Ahora bien, lograste que te llamaran y te agendaron para el día de mañana y tienes que prepararte (lo cual espero ya tengas todo listo cuando buscaste empleo).

Pero debes tener en cuenta lo siguiente, **NO ES LO MISMO EL PAPEL QUE LA PERSONA** y pasa cuando en tu curricular eres una persona que pinta de maravilla y en persona durante la entrevista eres un desastre.

Vamos a repasar reglas básicas que ya todos deberíamos de saber, *RECORDAR ES VOLVER A VIVIR.*

Hace varias páginas atrás hablamos de la imagen de poder, siempre y cuando busques una gerencia o similar. Pero aquí será un poco más casual para no errar en lo exagerado.

Lo capas y preparación no deben quitarte la educación, todo el personal que allí se encuentra debe ser tratada con respeto, debes reflejar que puedes ser un elemento capas y amable. La prepotencia será uno de tus enemigos o el mayo por lo que desde la recepción ya estarás rechazado.

La paciencia es una virtud la cual debes saber controlar, en ocasiones la gente se encuentra ocupada por alguna emergencia y debes ser paciente y evitar dar la percepción que ya te urge irte. Así que toma tus tiempos en consideración al menos una hora y tienes toda la libertad de preguntar ¿disculpe señorita, si lograran atenderme el día de hoy?

La vestimenta es súper importante, desde ahí estás trasmitiendo que tipo de persona eres, si eres profesional que cuida los detalles o de esos que simplemente le da igual todo. Hay empresas en mi experiencia que cuando llego me escanean y simplemente su imagen visual está más por arriba que la mía.

Recordando la imagen de poder, ten a la mano un traje, bien arreglado, sobra decir que esté limpio. La camisa o blusa de preferencia blanca bien planchada y los zapatos impecables (invierte en un buen bolero o unos cuantos minutos a dejarlos de gala).

Puedes o no usar corbata en el caso de los hombres, pero si es indispensable que lleves un buen corte de cabello, uñas recortadas y limpias, cara limpia o sin maquillaje exagerado en el caso de las damas (tonos más naturales).

Nota: Es mejor percibido una persona que vaya con traje a una entrevista no formal, a una que asista como si estuviera en su casa en fin de semana (los diseñadores gráficos no están a salvo de esta regla).

Por esta cuestión te recomiendo lo siguiente:

-Evitar colores llamativos.   -Cero ropas entalladas.

-Exceso de maquillaje.   -Evita mujer las minifaldas o escotes amplios.

-No aretes grandes.   -Peinados muy extravagantes.

-No aretes en hombres.

Puedes llegar con o sin corbata, con o sin peinado exótico, con o sin reloj o collar, eso pasa a segundo plano cuando **LLEGAS TARDE,** es inaceptable para todos aquellos que se les haga un espacio en un día con cierta hora y no llegues a tiempo. Eso dará una pésima percepción de que no eres nada responsable.

No existen las excusas, si llegara un huracán justo a la hora que deberías estar allí, para los agentes de reclutamiento o el gerente mismo es una falta de respeto.

Si vas a llegar tarde, aunque hayas salido a tiempo de tu casa y te encuentres con un detalle que estaba fuera de tu control (que es mejor que salgas más temprano de lo planeado) o como me paso en algunas ocasiones, es un punto menos negativo el llamar para avisar que llegaras un poco retrasado, pero no una hora después por favor.

A una persona que llega media hora antes, da una mejor imagen que aquella que llega 5 minutos después, así que estudia tu ruta con tiempo. No te recomiendo tampoco que llegues esa media hora de anticipación, me ha pasado y el personal que te va a recibir se queda confusa que hacer contigo porque llegaste antes; Te pueden atender de una vez o hacerte esperar hasta la hora que tenían agendada, les mueves sus tiempos y suele ser molesto y poco profesional también, aunque no lo creas.

Si te citaron a las 11 am tu procura legar 10:50 am, considera el tiempo de registro y en lo que la recepcionista avisa al personal que te darán la entrevista.

Nota: Si llegas tarde con o sin aviso, ofrece una disculpa y comenta que no volverá a pasar, no des excusas de lo sucedido.

Perfecto ya estás por entrar a la entrevista, te pones nervioso, te sudan las manos lo cual es normal. Pero no exageres, si tienes tiempo solicita el sanitario a la recepcionista y sécate las manos allí, toma aire y acicálate lo que haya fallado en el camino. Existe un estudio que para poder darse confianza a sí mismo, es recomendable realizar la pose de superhéroe durante 5 minutos.

Créelo o no, te levanta el ánimo y la seguridad para dar lo mejor de ti dentro de esa oficina, presentación, quirófano o lo que vayas a realizar.

Evita los malos olores, como el cigarro, mal aliento, sudor etc. Reduce los niveles de éxito si son mal percibidos. Bebe agua para evitar la boca seca, también da un mal aliento. Si te das cuenta que tienes un mal olor, te recomiendo no comprar goma de

mascar, unas pastillas de menta antes de entrar al edificio serán un mejor aliado porque se derriten y no tendrás que buscar un lugar donde tirarlo.

Cuando ya estés listo para que entres a la entrevista ya debes estar seguro de ti mismo, haber aprendido tu curricular al derecho y al revés ya que es muy mal percibido que si te preguntan algún dato en él no tengas que revisarlo.

Toma en cuenta que están ahí por "negocios", ellos te evaluaran, pero tú también evaluaras a la empresa. Así que debes tomar muchos puntos que sea útiles para ti.

Como estás yendo por "negocios" debes recordar de primera instancia el saludo, que ya lo viste algunas páginas atrás. En este caso debe ser el saludo igualitario, nadie quiere contratar a gente prepotente e insegura de sí misma.

Al saludar preséntate y sonríe, es un arma muy fuerte, darás una imagen positiva, y harás que sus emociones se conecten entre si.

No te sientes en la silla antes que el entrevistador, es muy importante que esperes a que te inviten a hacerlo, eso hablara bien de tus modales.

Ya empezada la entrevista asegúrate de venderte como nadie más lo ha hecho, no te digo que le digas que sin ti la empresa no va a generar más ganancias o que puede que quiebre, pero sí que tienes conocimientos que pueden hacer que la empresa tenga una mejoría.

La empresa no busca que hiciste, busca que puedes hacer por ella, para eso debiste hacer tu tarea y estudiarla, que hace, cuál es su mercado, publico, canales incluso hasta como está desarrollada su página web. Encuentra el hilo negro, y si expones que puedes ayudar a mejorar esa área generando 30% de beneficios a la compañía ya tienes un punto más.

Si han recibido uno o varios premios, menciónalos, quizá tuvieron un evento que les fue muy bien, coméntalo, es como alagarlos sin exagerar. Transmitirás una percepción de que estás al pendiente y te interesas por la empresa.

Hay un dicho popular donde nací que dice: LA GENTE BUSCA TRABAJO Y PIDE A DIOS NO ENCONTRARLO. Lo cual en ocasiones es cierto, pero escuché por ahí hace unas semanas atrás que la gente va a una entrevista de trabajo, pero no piden que los contraten, decir, OYE QUIERO TRABAJAR AQUÍ, CONTRATAME (pero no suenes desesperado).

Las respuestas que des están entre si entras o no, y todos lo saben, pero hay que ser certeros y audaz, tal vez sí es lo que sabes hacer, pero si no lo sabes expresar olvídate del puesto (créeme).

Lo que he aprendido con los años y tantas entrevistas que tuve es que las empresas buscan básicamente que conozcas de las áreas que solicitan, pero principalmente que puedas darles resultados. Decir que estuviste en x compañía no sirve de nada si no les comentas de manera efectiva los logros que obtuviste en dicho lugar.

No les interesa tu curricular, esa ya la leyeron, de lo contrario no estarías en la sala de juntas. No te puedo decir una fórmula de cómo hacerlo porque no soy experto en recursos humanos, solo experto en entrevistas fallidas y exitosas.

Te puedo comentar solo un tramo que dice un experto en RH, si conoces muy bien tus áreas, puedes venderte argumentando que aumentaste la producción de alguna cuenta en un 15%, o que redujiste los gastos del producto en un 23%, esos datos los debes saber tú y claro, deben ser lo más cercano a la realidad.

Lo que me paso a mí, fue que era muy dedicado a mejorar la estabilidad y ambiente de los colaboradores, note que estábamos pésimos con el inglés y que casi nadie sabía cómo comunicarse en ese idioma. Hablando con mis jefes de ese entonces, se pudo introducir clases para pequeños grupos de la empresa y la calidad de ellos mejoro notoriamente, por mencionar un dato.

Tal vez no tuviste el control de cuentas, producciones o clientes, pero notar que te preocupas por las necesidades de los demás y la compañía sumara otro punto a tu favor.

Un dato que para mí está en discusión es el uso o no de fotografías en la curricula, en mi parecer es lo mejor, ya que el cerebro hace una conexión más fácil con un rostro amigable. Esta foto debe ser la imagen que vas a presentar día tras día, así que yo sí te obligaría que evites las fotos de cartillas o identificación, todas serias y sin expresión. Mejor sonríe, un gesto amable, no uses playera, mejor una foto término medio o bien como el tipo de ropa con la te vas a presentar a la empresa. Ese será el tipo de outfit que usaras diario y podrán saber si eres desalineado o una persona profesional.

Un consejo que se me dio para que el entrevistador tenga otro punto de apoyo para recordarte, es no dar tu curricular en un simple folder de cartón. Si puedes dejárselo en un folder un poco más profesional que tenga peso, eso hará que lo relacionen contigo (así que deja una buena impresión)

Ahora sí, lo que debemos y no hacer en dicha cita, yo me he auto valoraba al salir de una cita y me percataba que mi lenguaje no verbal me traicionaba, ¡O SÍ! los de RH saben de lenguaje no verbal (al menos los profesionales). Te pueden leer desde que llegas, tus micro expresiones, las manos, las piernas, tu ansiedad en incluso el cómo te sientas.

Empecemos con la silla, es de los primeros que ya debes de cuidar, al sentarte y en el transcurso de la entrevista denotaras que tipo de trabajador eres.

Hay que tomar muy en cuenta que la silla tiene sus secciones negativas y positivas, sin olvidar que dependerá de la silla que te toque ya que existen unas más altas o pequeñas que otras, con o sin recarga brazos.

Después de que te inviten a sentarte, evita a toda costa el sentarte en la orilla, esa acción denota que eres una persona muy tímida, reservada, e insegura. Normalmente lo que yo hacía era sentarme en medio y mantenerme recto, pero después de tanto sufrir por estar en esa posición me percate de algo magnifico que no muchos saben de su existencia. LA SILLA TIENE RESPALDO, así que úsalo, no hay ningún problema.

No será tomado a mal, ya que para eso es, siempre y cuando mantengas la espalda recta, jamás debes encorvarte como bien te decía la abuela. Tu cuerpo dará una percepción de flojera, desfachatez y poco animado como si no quisieras estar ahí. Trata de dejar ese mal hábito si lo tienes diariamente.

Las manos, esas partes de tu cuerpo que pueden ser fatales, tan inquietas que en varias ocasiones no sabes qué hacer con ellas, te dan ganas de amarrarlas en ocasiones.

Lo que te recomiendo es dejarlas a la vista, si puedes ponerlas sobre la mesa del entrevistador sin que coloques ningún objeto frente a ti, provocaras una barrera, mantenlas a la altura de tus hombros con la palma hacia abajo y relajadas; Si llevas portafolio que pueda estar en el suelo será mejor que lo hagas descansar ahí, de lo contrario sobre tus piernas o si tienes suerte colgada del respaldo.

Un síntoma de ansiedad es cuando te pones a jugar con anillos y sobar las manos, incluso estar moviendo los dedos. No se trata de que las tengas quietas totalmente, puedes usar las manos cuando des una respuesta y platicar de tus experiencias, ser más natural en ese sentido, tu cuerpo comunicara que no tratas de

TU MENTE HABLA Y ESCUCHA.

ocultar nada a diferencia de que parezcas que las tienes clavadas a la mesa.

Las manos de la persona que te entrevista denotara si está cómoda contigo o no, si su palma está muy recta y tensa sobre la mesa, te hace falta venderte más para lograr aflojar esa decisión.

Si la mano está con los dedos un poco separados y de lado aún está haciendo una evaluación de tus respuestas sin darte la palomita que requieres para estar en la siguiente fase.

Habla con un tono de voz alto, pero no exageres, no querrás que los de la oficina de alado escuchen tu entrevista. Hay que tomar en cuenta los dos tipos de entonación de la voz. Un tono de voz débil te hará ver sumiso, y no serás un candidato que pueda estar firme ante situación importantes en la compañía.

Lo que me sucedía en varias ocasiones era que me dejaba llevar por el efecto espejo de la persona que me estaba entrevistando, y su lenguaje no verbal no era nada favorable y sus rostros reflejaban que han empezado mal el día, haciendo que yo me pusiera igual de serio sin crear una conexión con el entrevistador.

En conclusión, no olvides del poder de la sonrisa, es muy necesaria para realizar conexiones con las demás personas, pueden tener la fortuna que le cambies la actitud a esa persona y sumaras actitud a tu entrevista.

Como dato extra en todo este texto de experiencia sobre entrevistas, te hago de un saber más, al estar sentado o incluso parado, caminando etc... para que tu cuerpo se vea más recto evitando esa famosa joroba o sobre salga esa pequeña llanta, levantan ligeramente tu mentón, tu cuerpo automáticamente se enderezara para que no te veas sumiso (ten cuidado, no exageres o te verás prepotente, haciendo que tu mirada sea hacia abajo mientas que tu rostro esta levantado).

¿Dime tus debilidades? Esa famosa pregunta que nos hacen en la cual la mayoría se pone nerviosa por contestar. Pero ten en cuenta que nada está mal contestado solo lo que debe ser. Todos se venden excelente cuando hablan de sus cinco fortalezas y está bien, pero ¿Qué pasa con las debilidades?

No existe una receta mágica para esta pregunta ya que cada reclutador dará su opinión según se presente la entrevista, solo debes conocer la diferencia entre debilidades y falta de conocimientos. Por ejemplo, NO SE HABLAR INGLES, esa es una falta de conocimiento, pero no debilidad.

Da dos a tres aspectos que estén en procesos de mejora, no lo manejes como debilidad, al contrario, se recomienda que lo manejes como área de oportunidad donde estás haciendo lo posible por hacer un cambio en ese aspecto, a eso súmale que lo debes comunicar en pasada.

Que se note que no solo tienes una "debilidad" si no, ¿qué estás haciendo para mejorar? Yo tenía este problema, pero estoy mejorándolo haciendo esto. Como la pena, miedo, el nerviosismo, eso lo toman más como debilidad ya que son parte de la personalidad. Sí y sí debes dar una solución inmediata al responder cual sea tu debilidad.

Si es la primera vez que vas a una entrevista porque haz salido de la escuela y estás listo para enfrentar el mundo, puedes pensar ¿Cómo puedo dar logros si nunca he trabajado? ¿Cómo puedo convencer de que tengo la capacidad de hacer lo que buscan?

A pesar de que sea tu primer empleo profesional después de la universidad aun puedes competir contra los demás graduados que no venden sus logros escolares.

En los estudios de universidad se puede hacer grandes logros que muchos hacen de lado, como haber sido el líder del proyecto X o que contribuiste para lograr el objetivo el proyecto Y, con tus conocimientos lograron obtener el primer premio en la categoría de ciencias, de economía o la de administración.

No dejes de pensar que te estás vendiendo como todos los días en cualquier lugar, debes vender con fundamentos, no solo vayas a la entrevista, pide que te contraten, haz que "se enamoren de ti" y te quiera contratar ¡YA!

Toma en cuenta que las empresas están buscando en tus respuestas la capacidad y logros que puedas ayudar a crecer a la empresa, al igual que actitud y habilidades.

NO TE PREGUNTES ¿QUE PUEDE HACER LA EMPRESA POR TI? PREGUNTATE ¿QUE PUEDES HACER TÚ POR LA EMPRESA?

Contacto con Marketing.

Todos los días nos están bombardeando con publicidad gritando que consumamos ciertos productos y/o servicios con resultados no muy aceptables porque no tienen el desarrollo correcto al momento de pensar en la idea de marketing.

¿Pero primero que es Marketing? Debemos entender de qué hablamos para saber cuál es el camino más eficaz para que el cerebro del consumidor pueda tener en su mente la marca, para cuando piense en una shampoo inmediatamente sepa que ir a buscar.

Marketing:

Oscar Huitrón

Conjunto de técnicas y estudios que tienen como objeto mejorar la comercialización de un producto.

Con esta definición podemos entender que no solo es poner la foto de un producto y decir ¡HEY VEN A COMPRARLO! Al momento que el cerebro detecta que estás queriendo venderle algo que no está buscando en ese momento, se desconecta y quieres salir corriendo.

Soy de los que presta atención a la publicidad impresa ya que es el método de comunicación que dura menos tiempo la atención de una persona. Todos vemos un cartel, anuncio en revistas o espectacular en las avenidas de nuestra ciudad por tres o cinco segundos y nos seguimos de largo. Es por esta razón que me enfocare un poco más en este tema.

Analicemos por un instante lo que tienen estos tres métodos de publicidad en común; Primero tenemos la foto del producto, mayormente vistoso en lo que se puede ocupar en el espacio del papel, en ocasiones acompañados de un o una modelo que lo está sujetando.

En segundo lugar, está el mensaje o texto, de los cuales pocos llaman nuestra atención o tienen relación con el producto y/o escena. En la mayoría de los anuncios es un elemento apartado del diseño publicitario, no significa que debes ponerlo en el plano principal pero sí que sea notorio.

En tercer y no menos importante tenemos la marca, la cual muy pocos terminamos de ver por ser anuncios de paso, aislados de contexto publicitario.

Antes de comenzar a desarrollar una campaña de marketing debes entender que al cerebro le hace más cómodo conectarse con ciertas características que él desea.

TU MENTE HABLA Y ESCUCHA.

Como todo mundo sabe, una imagen dice más mil palabras, pero si la imagen no refleja lo que quieres venderle al cerebro es una imagen total mente muda. El solo poner la foto de una gorra en el centro del anuncio, el consumidor lo vera y se le olvidara en los siguientes 10 segundo.

En nuestro país no se tiene muy bien fidelizado el gusto por la lectura, el mexicano es flojo para leer y tiene poco tiempo para detenerse a ver un anuncio que parece que le pusieron media biblia para dar un mensaje de texto. Debes ser concreto, alusivo a la marca y claro con tu mensaje, recuerda que estamos hablando de anuncios que solo vemos de paso, ¡IMPACTALOS RAPIDO!

El logotipo es muy importante como todo marca, y aunque no debe ser olvido en una esquina cualquiera, tampoco debe ser el protagonista. Debes darle un espacio no fuera de la vista del consumidor, tienes tres a cinco segundos para que vean tu anuncio, es crucial que el consumidor sepa quién le está seduciendo, como cuando le invitas una copa a la chica o al chico del fondo del bar, si no sabe quién se la mando no podrá seguir el juego de la "auto venta".

Para estos casos vamos a revisar unos flashtips que si los tomas en cuenta harás que el consumidor te voltee a ver y le dirás, ¿te puedo invitar otra copa? Y quedara tu marca grabada en su cabeza.

Antes de los tips me gustaría compartir la información que se descubrió hace ya varios meses atrás por un neuro-investigador argentino Rodrigo Quian Quiroga, donde a varios participantes epilépticos se les realizaba un estudio mientras que a su vez que les enseñaban imágenes de diferentes personas y lugares. Lo que descubrió es impresionante, a todas esas personas que les enseñaron una fotografía de la actriz Jennifer Aniston tuvieron la misma reacción cerebral.

Una célula situada en la zona del hipocampo (el área cerebral encargada de la memoria y la formación de recuerdos) reaccionaba de la misma manera en los cerebros de todos mientras veían esta actriz famosa.

Esto demostró que nuestras neuronas no solo guardan recuerdos de nuestras vidas, lugares o personas, a su vez demostró que toda esa información se encuentra almacenada en los mismos compartimientos de nuestro cerebro. Es decir que todos tenemos una neurona específica para nuestra madre, hermana, tío, abuela, incluso a nuestro perro pulgas.

Debemos entender el lenguaje del cerebro para poder ser recordados por un largo tiempo, no solo están en tu cerebro la neurona de tu familia o amigos, incluso puede estar la marca de tu auto, el refresco que tomas o tu quipo de football (los cuales ya los viste en tu mente en este instante)

En la televisión existen varios anuncios publicitarios de una sola marca de desodorante masculino, OLD SPICE. Esta marca ha tenido cierto éxito publicitario por estar en nuestras mentes cada que piensas en desodorantes. Claro que tú me dirás que como es posible si sus anuncios en televisión son espantosos.

Lo que sucede aquí es lo que le comento a la gente a mi alrededor, son espantosamente buenos, y lo que pasa con la publicidad, es el posicionamiento en tu mente para ser extraída de "su carpeta" cuando sea necesario en pensar en el producto.

No toda la publicidad tiene que ser exagerada para poder quedar en nuestras mentes, existen también marcas que han logrado captar nuestra fidelidad manejando mensajes que se comunican con nuestro cerebro reptil y emocional.

El líder en el mundo del refresco de cola, esa marca que tiene su logo rojo, que usa a un gordinflón para hacer anuncios en navidad y que es la primera que pensamos en comprar un refresco, claro, Coca Cola.

Esta marca es una experta en comunicar con nuestro cerebro reptil y el emocional, estos cerebros están recibiendo mensajes los cuales nos hacen que queramos comprar su producto. El mensaje que más he notado en su publicidad es la de: LA FELICIDAD AL MEOMENTO DE TENER UNA COCA COLA, usan mucho la idea que al tener tú una botella de esa marca contigo y tus amigos serás feliz y al momento tu cerebro emocional se activa al querer decir: yo no quiero ser infeliz, quiero ser feliz y para eso comprare una coca cola.

Un detalle que podemos observar es el querer sobrevivir al estar consumiendo esta marca, y no me refiero a los comentarios negativos que rodean a esta soda, me refiero al instinto que se despierta en nuestro cerebro reptiliano. Al comprar una soda de esta marca, estás rodeado de tus seres amados, llámense amigos, familia, compañeros de oficina, etc. Como ha estado estipulado, somos otra espacie que está más cómodo entre la manada, porque así está en los genes desde hace millones de años, por ende, si compartes esta bebida entre tu manada serás bien recibido.

Estas marcas son dos claros ejemplos de que sucede en tu cerebro, porque la publicidad está evolucionando y cada vez se comunican mejor con nuestros cerebros. Podríamos mencionar más y más, pero la intención es que puedas entender el mundo de la publicidad.

En conclusión, el cerebro está recibiendo los mensajes que hagan que reacciones, los sentimientos ya sean positivos o negativos, el sobrevivir y lo sorprendente, aquello que no espera recibir.

Después de estas historias sobre el cómo es que nos están promocionando las marcas para después poder consumir, vayamos ahora a los tips que estás esperando conocer al momento de hacer neuromarketing y generar esa "neurona Jennifer Aniston".

Existen varios tips que podrás utilizar constantemente y generaras más contacto con el consumidor.

1- Se dice que los ojos son la venta del alma, más bien diría que son la venta de tu cerebro para comunicarse. Por naturaleza siempre estamos buscando rostros para crear una conexión con el entorno. Un anuncio que puedas colocar un rostro llamara la atención, pero es más eficaz si haces que ese rostro este viendo lo que deseas que el consumidor tenga en cuenta, el producto, marca, información. Colocar un rostro viendo de frente no crea conexión y no comunica nada al público.

2- Menos, es más, una típica frase para la gente que se dedica a la publicidad, marketing, diseño etc. Al cerebro le gustan las cosas menos complejas, siempre se relacionará con productos, anuncios, slogans que sean simples, directos con uso práctico. Toma como ejemplo una pelota, es el jugué por excelencia por su forma tan simple que se expande a millones de juegos.

3- Formas orgánicas, es la mejor manera que han podido hacer en cuanto a productos se refiera. Un envase que contenga un diseño curvo, tendrá más eficiencia que una caja con esquinas y lados rectos. En la naturaleza no existe nada cuadrado, todo tiene curvas y eso al cerebro le encanta. Un ejemplo es Microsoft que a la caja de sus softwares le "limaron" una esquina dejándola con una forma curva, y el consumidor pudo tener una mejor conexión en ellos.

4- La alegría o el humor está siendo deseada por todos, si manejas humor local de tu ciudad o país lograras el estímulo que el cerebro desea tanto, la vida actual se a vuelto más compleja, pero regala alegría con un anuncio y harás que la vida de esa persona cambie (al menos ese día) Ten en cuenta que no solo puede llevar humor los anuncios, un buen empaque hace la diferencia entre dejarlo o comprarlo.

5- Imaginación, todos imaginamos gran parte del día e invitar al cerebro que imagine, cree, o complete una historia, con tu anuncio será la manera en que el cerebro haga "puff" y se genera una cantidad de historias por parte del consumidor el cual al ver de nuevo el anuncio generara otra historia diferente.

6- Como revisamos anteriormente que al cerebro le gusta el peligro lo cual deberías de incluir en tu publicidad, también le gusta el estrés, pero estrés del bueno. ¿Cómo? Haciendo que el cerebro deseé que pase lo que no ha pasado tendiéndolo de frente. Es como cuando ves a una persona que está por darle un trago a esa botella de agua fría, refréscate en un día soleado y justo antes de que le tome se quita la botella, tu cerebro se vuelve loco por que deseó ese trago como nunca antes.

7- Tocar es lo que adoramos hacer todos, el dejar que el cerebro sienta el producto es más creíble para él que pude tenerlo y se crea el deseo a mayor grado. Si vas a comprar un boleto de concierto y lo obtienes impreso tu cerebro se crea ya la ilusión de estar disfrutando del concierto, (sin criticar tus gustos musicales, cada quien) pero si solo apartas tu lugar vía internet, se crea una desconfianza. Las marcas de celulares que los ponen a la mano para que lo toques, explores y pruebes tienen mayor éxito de venta que el de un solo catalogo impreso.

8- Los anuncios deben ser dirigidos a los cerebros de tu verdadero consumidor, recordar que los cerebros de hombres y mujeres son completamente distintos. Por eso te recomiendo que cuando estés por crear un anuncio impreso, de televisión, revista o empaque debes saber de ante manos quien va ser la persona que lo va a comprar.

Usando estos 8 tips que te acabo de comentar debes enfocarte en comunicar con el cerebro de manera científica. En palabras

del investigador Jürgen Klaric: HAY QUE VENDER SIN VENDER.

Del recuerdo al odio hay un paso:

TU MENTE HABLA Y ESCUCHA.

Una frase que me gusta decir cuando hablamos de los recuerdos en nuestro cerebro, de igual manera que tenemos la neurona Aniston, tenemos en el cerebro sub secciones de memorias.

Cuando era más joven me gustaba pensar que en mi cerebro tenia pequeñas puertas que me llevan a algún recuerdo o conocimiento. Cuando se me hacía una pregunta sobre mis recuerdos era adentrarme en mi cerebro e imaginar que pasaban frente de mí todas las puertas, unas más nuevas y cuidadas que otras viejas con tela arañas con recuerdos que hace mucho no visitaba.

Y es eso similar lo que pasa en nuestras sub secciones de la memoria cuando algo es importante lo colocamos en una habitación nueva con los detalles de olor, imagen, sonido y texturas que aquel momento se guardó en nuestro cerebro.

RECORDAR ES VOLVER A VIVIR.

Saber que tenemos memoria de largo plazo y la de corto plazo ya no es nada nuevo para nosotros; ¿Cuantas veces hemos estado en alguna reunión y al salir un tema recuerdas aquel momento que te hizo llorar de risa? Es un momento que siempre a estado contigo, en otra habitación, pero ya muy abandona por ti.

Incluso no necesitas estar con las personas involucradas en aquel momento de risa, en la actualidad las redes sociales nos hacen la mención de las fotos que tomaste para memorar aún más el momento en que te dolía el estómago de risa y quisiste compartir con el mundo, pero ya no te acuerdas de él. Al recibir esa notificación de internet vuelves a vivir esos momentos que casi olvidas si no te lo dijera.

Es increíble volver a vivir cada momento que pasamos, con amigos, familiares, parejas o solos (porque a pasado). Pero los mejores recuerdos que todos tenemos en nuestras habitaciones son las de amor y dulzura.

¿Pero qué pasa cuando ese recuerdo es modificado en la actualidad? Cuando te sucede un accidente que modifica tus sentimientos hacia aquella experiencia.

Hay una chica que se encuentra de vacaciones con su novio y sus mejores amigos, se van a unas cabañas a pasar el fin de semana y disfrutar del descanso junto a una alberca cristalina.

Ella está pasándola de lo lindo con su novio, riendo, descansando y al estar con su novio él la abraza. Ella entra en un estado de remembranza cuando era una pequeña niña, junto a su padre adorado jugando en la alberca los dos, esas tardes cuando después de la alberca se sentaban los dos en el pasto para comer un deliciosos y cremoso helado.

Ella recuerda que después de toda esa acción con su padre en la alberca terminaba cansada y se recostaba en las piernas de su padre. Sintiéndose amada y protegida por él. Ese es uno de los recuerdos más valiosos que ella tiene.

Pero que sucede cuando regresa a la actualidad y se ponen a jugar con los divertidos amigos y el novio siguiendo con la típica tradición de aventar a la gente sin avisar a la alberca (lo cual no te recomiendo) se da cuenta que ella está en la orilla de la alberca y el novio listo tiene la maravillosa idea de aventarla, pero ella se resiste y caen rapándose los pies con la orilla de aquella cristalina alberca. Se lastima, se enoja con él por haber hecho eso sin su permiso y para acabarla, ya fuera del agua ella se queda sola en una silla con su pie lastimado.

TU MENTE HABLA Y ESCUCHA.

Ahí es el momento cuando nuestros recuerdos son modificados, ahora el ir a la alberca ya no significa una tarde con su padre, ahora es el imbécil del novio aventándola a la fuerza raspándola.

Las memorias son las partes de nuestro ser que valoramos mucho, y el que sean modificadas hace que nuestro cerebro guarde esos nuevos recuerdos sobre los que tanto anhelábamos.

¿Qué tal el café? esa bebida que todos llaman elixir para empezar el día, ¿Qué recuerdos tienes de él? En lo personal recuerdo mucho a mi abuela hacerlo en una olla de barro con su canela, llenando la casa con ese olor tan mágico que no podías esperar a tomar una taza de él.

¿O que tal la película Ratatouille? Esa animada película para chicos y grandes donde el exigente critico de comida al probar el platillo ya mencionado en un restaurant, su mente viaja al pasado viendo a su madre preparándole ese exquisito manjar casero. Él se vuelve loco y devora el plato.

Las secciones de nuestro cerebro también guardan cosas que son impactantes para nosotros, esos momentos que son nuevos son almacenados en las primeras puertas.

Pongamos como ejemplo las torres gemelas o el temblor en México de 2017. Si yo te preguntara donde estuviste en alguno de esos dos momentos tan aterradores, me dirás con detalle donde y como pasaste esos momentos tan difíciles. Son memorias con información nueva que estan almacenadas listas para acceder a ella.

Y que hay de los tsunamis, como el de la isla de Japón, esos desastres naturales que fueron muy devastadores no te son de importancia hoy día. ¿Por qué? Porque ya los conoces y sabes que esperar de ellos al haber existido más de uno en tus recuerdos por lo cual los almacenas en las puertas más al fondo de tu cerebro.

Todo esto que te comento tiene una razón de ser para que logres hacer un espacio en el cerebro de tu consumidor y crear una neurona de tu propia marca.

Existe un restaurant en la ciudad de chicago que dirige el famoso chef Grant Achatz, donde la calidad de su trabajo es espectacular. Tiene un restaurant que como lo vimos hace tiempo tiene un valor fantasma, pero este valor es distinto ya que lo que te vende es una experiencia con emociones, misterio y arte.

¿Qué tiene de especial un restaurant? Claro está que no es la comida, ya que puede ser delicioso el proceso y la creatividad en el lugar, es el corazón de todo aquel lugar. Es donde te pueden llevar a la mesa unos pedazos de carbón en llamas, y que te quedas con la expectativa de ¿que será y para qué es eso? Lo que descubren en ese momento los comensales es que oculto a la vista se encuentra pollo envuelto cosiéndose al momento que admiras aquellos carbones.

Te preguntare esto: ¿Qué pasa por tu mente cuando ves un globo? Seguramente te imaginas muchas cosas, pero no te imaginas que en este lugar puedes comerte un globo como postre. Así como lo lees, ellos realizan platillos como estos para generarte todo tipo de emociones. Y lo que pasa es que al no ser un lugar donde puedas salir satisfecho por la cantidad mínima de alimentos (porque puede ser que te quedes con hambre) y pagar unos precios ridículos, con lo que si saldrás satisfecho es con la experiencia única que puedes llevarte de ese lugar.

Y lo funcional de ese tipo de servicios es el trabajo que hacen en tu cerebro, al salir de ese lugar ya no podrás ver un globo en la calle, fiesta u otro lugar sin pensar en aquel globo comestible.

Hablemos con tu cuerpo (otra vez)

Al principio de este libro revisamos detalles de comunicación no verbal, micro expresiones; Pero ahora voy a darte unos tips para que los consideres y puedas leer al momento.

1-Una conversación es de dos, y si la persona con quien platicas está interesada hacia ti te darás cuenta por su cuerpo que maneja los siguientes puntos.

   a. Una postura natural y atenta requiere de un cuerpo apuntando hacia ti, es más importante eso que la misma cara.
   b. Unos pies levemente separados y dedos relajados con una mano ligeramente suelta proyectan que está cómodo para escucharte.
   c. Y lo más obvio el rostro asentando a tus palabras significa que sí está poniendo atención al contrario de una cabeza estática.

2-La línea entre conquistarla o ser golpeado y ser sacado del evento es muy delgada. Las mujeres gustan de vestir con escotes, pero no solo es por ellas, es para ver que tanto puedes ser el indicado o no. Sin importar que tan profundo sea, siempre pero siempre vela a los ojos, que es lo que buscan en ese momento. Existen momentos donde hacen un test provocado, cruzando los brazos como enmarcar su escote. Cuídate, puede ser que te estén poniendo una trampa.

3-Hacer negocios y saber vender es una ciencia como ya lo sabes, pero si tu cliente está en una silla con los pies cruzados o incluso con los mismos brazos, tienes un problema porque no está convencido de ti y debes hacer un cambio para que se pueda abrir a tu oferta.

4-Usar el teléfono tiene también su lenguaje, aunque no te vean, un consejo muy común es sonríe al hablar por el teléfono, aun así, tu cuerpo comunicara amabilidad, empatía. Un brazo más separado del cuerpo al hablar por teléfono denomina a una persona más extrovertida.

5-Las preguntas incomodas conllevan a una respuesta comprometedora. El sudar de más, repetir la misma pregunta, desviar la mirada, tallarte el cuello, hará que te comprometas a una situación no muy favorable y si al responder tratas de ocultar las manos, estas frito.

6-Demostrar seguridad o inseguridad puede diferenciarse al colocar tus manos en cúpula o pirámide. Al ponerlo frente de ti también crearas una barrera de protección. Cuida de no hacerlo a la altura del rostro, eso demostrara debilidad.

7-Al caminar o solo estar parado esperando es muy común para nosotros, pero al estar haciendo estas acciones las manos pueden comunicar el verdadero tú. Unas palmas hacia atrás denotan una persona tímida y poco confiable. Lo común es tenerlas apuntando hacia el muslo.

8-El juego de las sillas es muy común hasta en las salas de juntas o en algún negocio. La silla más retirada de la puerta, al fondo de la habitación es señal de poder. Los jefes, directivos o gente con mayor rango suelen sentarse en aquella silla. No te digo que se la quites, pero si estás por hacer un negocio te recomiendo tomarla. Si es posible ofrece la silla a tu derecha, para tener mayor éxito en el negocio.

9-Al hablar las emociones se demuestran más con la mano izquierda, ya que es la que conecta mejor, cuando se habla de un cariño, afecto o un sentir verdadero la mano izquierda se dirigirá al pecho derecho. Los que solo estudian sus diálogos y están conscientes de sus manos lo harán con la derecha. Con las palmas hacia arriba con ambas manos se quiere demostrar inocencia y honestidad (la mayoría lo hace falsamente).

10-Camina y demuestra tu autoridad, ya que al estar dirigiéndote hacia una oficina o simplemente por un pasillo, sonaran tus pisadas, harán que tu cuerpo refleje una dominante personalidad.

11-La frustración o una molestia seria puede ser controlada cuando nos pasamos la mano sobre el rostro, como tratando de anivelar el sentir de aquel momento. Es el mismo gesto cuando tomas tus dos manos recargado en la mesa y te tomas los ojos moviéndolas hacia afuera. Sin olvidar el famoso apretón de ojos con tu dedo pulgar e índice.

12-El sentirse vulnerable o en un estado de debilidad puede reflejarse al estar sentado, cuando una persona está sentada sin importar el sexo, y trata de tapar el área de sus genitales, se encuentra en un estado beta de sumisión. Al contrario de los que se sientan con las piernas relajadas y abiertas exponiéndose en caso de los hombres.

Aumenta tus conocimientos y tu salario.

Llevamos años trabajando en una empresa y las circunstancias en el país están cambiando, por lo cual la gasolina, los alimentos básicos, medicinas incluso los servicios de entretenimiento están subiendo sus costos, pero tú salario no.

Vamos a tratar de entender cuáles pueden ser los motivos del ¿Por qué es complicado obtener un aumento de sueldo?

Todos pudimos estar en diferentes empresas, ya sea grandes, chicas o incluso en lugares no muy ejecutivos, pero todos esos lugares tienen algo en común CUIDAR SU DINERO.

La frase que ya viste de Richard Branson: Cuida a tus empleados, que ellos cuidaran a tus clientes es muy importante para aquellos que lo saben entender.

Las empresas como cualquier otra busca generar ganancias y cuidar las mismas, es lógico, para eso crearon una empresa, de lo contrario seguirían siendo empleados de alguien más.

¿Pero qué hay de ti y de aquellos que se matan por mantener la empresa a flote, dando soluciones para que no existan perdidas como los dueños lo desean? ¿Quién está para ver por tus necesidades?

Muy sencillo, TÚ, nadie más va a estar al pendiente de lo que necesitas, y mucho menos de tus deudas o planes a futuro. Pero no significa que no estén dispuestos a ayudarte.

Saber solicitar una renegociación de salario ante tus superiores no es tan fácil, incluso a los más expertos de una empresa, que lo han dado todo se los han negado.

Conocer estrategias te ayudaran a evitar la famosa palabra que todo cerebro odia, NO. Arma una estrategia y podrías ver que esa palabra podrá ser cambiada.

En algunas entrevistas llegan a preguntarte quien es la persona más importante para ti. La respuesta que buscan es: *Yo soy la persona más importante* y si eso es cierto, entonces debemos de realizar los siguientes consejos para obtener ese beneficio económico que tanto anhelamos todos en algún momento y dejar de preocuparnos cada mes.

Muchos logran obtener una respuesta negativa por parte de sus superiores por utilizar argumentos que no son acertados. Si yo fuera tu superior quien tiene la capacidad de darte un nuevo ingreso a tu nómina ¿Cómo lo pedirías?

Seguramente llegarías argumentando que eres puntual llegando cada día sin falta, que sigues cada una de las reglas de la empresa o incluso que has logrado llegar a los objetivos que se te demandan aumentando la eficiencia en un 23% evitando tiempos y proyectos que afecten a la empresa.

Después de escuchar estos puntos que me has mencionado, ahora puedo decirte FELICIDADES has fallado y te he negado el aumento por favor regresa a tu estación de trabajo.

¿Duele cierto? El recibir este tipo de respuestas por parte de tus superiores puede ser muy desmotivador, pero tiene su razón de ser, no es que no quieran darte un aumento, es solo que no utilizaste la manera adecuada.

Pero si eres una persona que se dedica con esmero a realizar sus actividades como todo un profesional para lo que fue contratado, ese lamento decírtelo es el primer error.

Una empresa al ver que tienes la experiencia para cubrir el puesto para el cual te postulaste, no buscan saber qué hiciste en tus puestos anteriores; Ellos buscan saber que puedes hacer por la empresa para que logren subir un peldaño más con tu ayuda.

Tú puedes pensar: Llego a tiempo, no falto, cumplo con mis tareas, no pierdo el tiempo y ¡¿aun así no me puedo ganar un aumento a mi nomina?! No vale la pena estar aquí.

Pero se paciente y ahora veras como es que yo he logrado ganar esas renegociaciones de contrato en mi nomina que me han hecho ver que el problema era yo al solicitarlo

Uno de los puntos que debemos tomar en cuenta es dar un beneficio a la empresa, tanto en números, desarrollo interno o alguna solución a un tropiezo que notes que existe en tu área para empezar.

Supongamos que la empresa que te ha dado la oportunidad de trabajar para ellos, se dedica a crear productos los cuales se venden nacionalmente como internacional. Y notas que tus compañeros de tu área tienen problemas en llevar su trabajo por falta del conocimiento de inglés.

Puedes hacer una averiguación acerca de cursos para empresas donde les pueden dar un paquete para que los colaboradores de tus empleadores tomen hora y media por la tarde para tomar clases de ese idioma que tanto les hacía una barrera con los clientes y/o proveedores. Eso, aunque no muchos lo saben es un emprendimiento institucional, el cual te generara puntos favorables al "salir de tu área de trabajo" que se te asigno.

Que tal algo más factible para los procesos de tu departamento como me paso en uno de mis empleos donde al ver las decadencias que tenían en los procesos en el manejo de las marcas las cuales les conllevaban a problemas constantes, decidí tomar cartas en el asunto en ofrecer mis conocimientos. Sobra decir que fue una mejoría que fue muy bien aceptada por mis superiores.

Detalles como esos donde sales de tus actividades normales y das ese extra que todos buscan harán que generes una excelente percepción haciéndote notar ante los superiores considerando tu petición por la renegociación de tu salario.

Anqué te he comentado que mencionar los resultados a la empresa no es la forma de pedir ese "bono extra" hay que realizar actividades extras, con eso no te lo darán tan fácil, pero ayudara a conseguirlo.

TU MENTE HABLA Y ESCUCHA.

Todos a pesar del género somos emocionales cosa que ya sabes, ellas más que nosotros. Pero la manera menos complicada de conseguirlo es alegando al cerebro emocional. Para eso debes conocer a tus superiores a quien te dirigirás sin olvidar que ellos deben tenerte en radar siendo más sociable con ellos y los demás compañeros; Una buena imagen ante ellos de acomedido, apoyo, participativo quedara en sus mentes como aquella persona a quien apoyarían por el aumento.

Ahora veamos los consejos que pueden ayudarte a lograr tu objetivo financiero:

1- Antes que nada, agenda una cita con el jefe, puedes hacerlo apoyándote en su asistente o simplemente preguntando si te puede recibir, no llegues repentinamente, la gente no está trabajando esperando a que llegues a solicitar un aumento. Si solicitas una cita previa, sabrá que es serio y que tienes el detalle de no arrebatarle su tiempo valioso.

2- Cuando agendes para encontrarte con tu superior, es recomendable hacerlo en miércoles a las diez de la mañana. ¿Por qué? Si lo haces en lunes parecerá que lo estuviste pensando todo el fin de semana, en viernes tampoco, todo mundo se quiere ir a casa y no pensar en detalles pesados. Yo te recomiendo que lo hagas el miércoles o martes porque van empezando el día poniéndose al corriente sin tanto estrés.

3- Ya en camino, confía en ti, una persona que entra con timidez y dudoso para enfrentar el miedo a solicitar apoyo económico de la institución te cerrara la puerta. Llega con valentía y confiado de que te has ganado el aumento, al fin y al cabo el NO ya lo tienes como en todas las peticiones que debemos solicitar. Los que son arriesgados son los que obtienen los beneficios que pocos quisieran. Incluso podría recomendarte hacer la postura de súper héroe que ya aprendiste.

4- Demasiada confianza puede convertirse en prepotencia, nivela tu mentón, muy levantado denotará reto ante tu jefe y se pondrá a la defensiva. Solo entra sin alegar que eres el mejor de la empresa, que no puede vivir sin ti, porque créeme, puede hacerlo. Observa tu lenguaje no verbal.

5- Sonríe, esa poderosa arma que igualmente ya revisamos te abrirá la posibilidad de ser bien recibido y no pondrá en amenaza tu petición, serás el empleado gentil de quien todos hablan. Las relaciones que lleves con los demás compañeros y tus jefes se notara en tu sonrisa.

6- Se agradecido por haberte dado la oportunidad de ser parte del equipo, no solo has llegado a ganarte tu salario cada semana si no que estás ahí porque le puedes dar un beneficio a la misma empresa. Agradece que te hayan tomado en cuenta para lograr crecer con ellos, comentando que tienes puesta la camiseta y puedas hacer más por ellos.

7- Has mención de tus planes futuros o situaciones actuales que puedan dar a entender a lo que vas a dirigirte, tu boda, un bebe, una casa etc. Un dato que tus jefes ya deberían de saber (preferentemente) ante la convivencia en el tiempo que llevas allí. Si ellos saben que es lo que te está comiendo tu salario tendrás más posibilidades de que te comprendan.

8- Posterior a tus menciones problemáticos has tu petición, yo te recomiendo que lo manejes como una renegociación de tu salario mensual si es posible solicita un monto porcentual anual, de lo contrario di una cifra mensual en moneda.

TU MENTE HABLA Y ESCUCHA.

Si tienes un buen plan y manejo de la situación podrás salir exitoso con tu logro que tanto anhelabas para ayudarte con tus planes a futuro, sin embargo, puedes estar en un lugar donde sea muy difícil que te de ese tipo de apoyo.

No debes darte por vencido, debes lograr algo en ese mismo instante ya que si lo dejas para después habrás perdido la oportunidad de lograr negociar lo que tu consideres que mereces. Ten en cuenta que ellos no buscan estar dando aumentos a todos, así que el pensar en dártelo no significa que te lo has ganado, al contrario, te lo pueden dar a cambio de que debes "ganártelo" o bien, no perderlo.

Cuando yo buscaba un beneficio económico que me ayudara a solventar mis gastos no tenía quien me diera algunos consejos que fueran útiles. Por qué aquí en México es muy complicado que te den ese aumento de salario, más bien es de trabajo.

Algo que es muy seguro al momento de estar negociando con tu jefe, es bien sabido que te dirán que no hay fondos para ayudarte por lo que tendrás que esperar a que mejore la empresa (eso dicen todos).

Pero no todo debería estar perdió, a pesar de que no puedan o quieran darte ese aumento (que, por cierto, deberías tener como mínimo dos años en la empresa) debes lograr alguna ganancia, NO debes permitirte salir de esa oficina con las manos vacías. Incluso hasta ellos mismos podrían ofrecerte algo para que no te sientas tan rechazado. Ahora que, si no hay aumento, ni bonos, ni alguna ganancia para ti y solo recibiste un NO y NO, déjame decirte que estas en una empresa muy toxica, y no podrás avanzar con facilidad, mejor busca otro lugar donde puedas estar más cómodo (la verdad duele).

Te han invitado a un evento formal.

A pesar de que no soy una persona que se la pase yendo a eventos de gala, bodas de alto alcurnia o cenas de etiqueta, si puedo darte unos consejos que son válidos en este tipo de eventos y evitaran que reflejes una mala imagen haciendo el oso.

Todos en algún momento hemos sido invitados en eventos y/o fiestas donde desconocemos los protocolos del lugar, inclusive las reglas de etiqueta que se deben de manejar que da como resultado una sensación de fuera de lugar.

Lo primero que debemos hacer antes que nada es saber qué tipo de evento es, si es formal, semi-formal, casual etc. Si no tenemos esa información normalmente se hace mención o en la misma invitación lo hace. Si tienes la mala suerte de que no venga esa información en la invitación lo más conveniente es preguntar (espero que no sea necesario) para que no te vaya a suceder que vas de smoking a un evento de jardín casual.

Ahora bien, ya sabes de que se trata, es momento de buscar tu atuendo que usaras en dicha reunión con colores aptos, recordando que los eventos de día o noche son muy diferentes.

Evitando usar un traje negro con corbata cuando bien podrías usar un traje color café claro o simplemente un blazer azul marino con camisa blanca botton down combinado con un pantalón de gabardina o de vestir beige siendo el caso de los hombres ya que las mujeres pueden tener un estilo similar con un pantalón blanco, incluso de un color brillante que haga juego con el blazer.

Sobra decir que los zapatos (los cuales son del mismo color que el cinturón) para ti amigo mío tienen que estar impecables, muy bien boleados y amarrados de color café, incluso unos azules se ven presentables con sus calcetines del mismo color, si no te es posible, combina los calcetines con el pantalón. Para ti chica de moda, unas zapatillas abiertos de tacón con cierta anchura que te permitan trasladarte por el jardín sin estar batallando con ese molesto momento cuando se te clavan al pasto.

Ahora bien, si estás por asistir a una boda en salón por la noche las reglas cambian ya que tú como hombre debes asistir con un traje completo que este elaborado con la misma tela y un buen forro (si no tiene forro es un blazer) la camisa yo la recomiendo de preferencia blanca sin bolsa al frente y una corbata que contraste con tu atuendo pero que combine (es un lio lo sé).

En un mundo masculino en especial en bodas, XV años, comidas de conferencias y más, se debe tomar en cuenta un accesorio que casi nadie le toma la atención de revisar, las billeteras. Ese accesorio por excelencia que manejamos los caballeros, no debe ser trifold lleno de tarjetas ni papelitos que te sobro a la hora de ir a la tienda departamental. Si estamos hablando de un evento importante te recomiendo que tengas a la mano una billetera delgada tipo tarjero o un clip donde solo se coloca el efectivo y tal vez la tarjeta de crédito. Sin olvidar que debe ser combinado con los zapatos y el cinturón al igual que el reloj (zapatos cafés, billetera café etc.)

Aquí caballero sí puedes usar un traje de color negro, azul marino, incluso un traje gris Oxford siempre y cuando vaya con el tipo de evento. Todo hombre que se respete sabe hacer un buen nudo de corbata, existen varios a elegir unos más serios que otros o más creativos. Aquí me doy la libertad de experimentar que nudo va mejor con mi atuendo sin parecer un godín o payaso de rodeo.

Para verme más serio utilizo el de DOBLE NUDO que está de moda o para ser un poco más accesible utilizo el nudo ELDREDGE que es un poco más laborioso, pero queda muy

 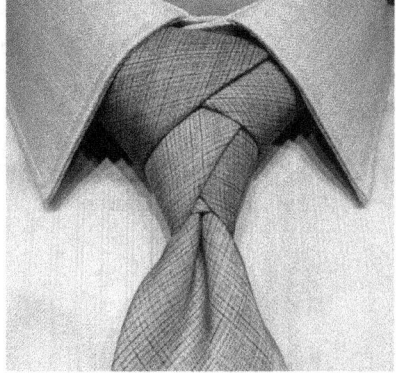

bien.

NUDO DOBLE NUDO ELDREDGE

Mujer ahora es tu turno de obtener unosg detalles que puedan darte la imagen que buscas para sobrevivir impecable con éxito de la boda en cuestión.

En cuanto a la vestimenta ustedes las mujeres tienen la posibilidad de obtener un catálogo más amplio con respecto a los vestidos, zapatos, accesorios y peinados. Sobra decir que el maquillaje debe ser elegante y nada tosco, ya que no estás en una fiesta de disfraces.

El maquillaje debe hacer que resalten tus rasgos como ojos, labios etc. ya que una carga de maquillaje con exceso de la famosa base hará que parezcas el famoso payaso o un espectro saliendo de una película de terror.

Un vestido te puede hacer encajar o no en el evento en cuestión, pero sería un error asistir a una boda en jardín con un vestido de coctel, o que tal a un salón de etiqueta con un vestido que parece que eres un hada del bosque. Recordando que la imagen es la percepción que vamos a generar al menos en la parte física debemos hacer la elección correcta para no ser el frijol en el arroz.

Para todo tipo de compromisos existe variedad en vestidos, pero ¿cuál es el que te va mejor? Uno que no te haga ver que necesitas unos sancos para que luzcas como debe ser y no te encuentres limpiando el piso con él o uno donde solo te falte un tuvo y dar show allí mismo.

Cuando tengas que buscar un vestido para esa boda de tu mejor amiga, te recomiendo que lo busques con tiempo pero que lo compres dos semanas antes del evento ¿Por qué? me preguntaras. Ya que estamos en unos tiempos donde nuestros hábitos pueden variar o no, corres el riesgo de que te quede muy flojo porque bajaste de peso o peor aún... que no te cierre.

En lo personal no estoy en contra de las mujeres que se tatúan, pero sí de las que tienen tinta de más en sus cuerpos y cuando se compran vestidos hacen que todo el look que querían conseguir con el elegante atuendo pueda fallar. Si tienes tatuajes en zonas que podrías cubrir con la tela yo te recomiendo que lo hagas ya que denotaras una percepción que te da igual y solo asistirás porque habrá alcohol en el lugar.

Un peinado puede ser traicionero al cruzar la puerta del salón al memento de llegar, todos saben que el cabello es distinto de cada mujer, unos se acoplan mejor con ciertos peinados que otros, pero no solo es hacerse un "chongo" y vámonos, Invierte en un peinado con profesionales. Una persona que se dedica a esto vera tus rasgos naturales y te hará observaciones que te favorecerán y no caigas en la famosa trampa de verte como tu abuelita en los años que bailaba charlestón.

Un peinado como el vestido deben coordinar para no sofocar una parte del cuerpo que se encuentra en medio, tu cuello. Si estás por usar un peinado suelto con tu cabello largo tu vestido debe ser fresco o más escotado sin exagerar, no queremos saber cómo es tu ombligo. Ahora que si tu vestido es más cerrado o tapado resalta tu cuello con un peinado corto o recogido.

Un bolso solo debe tener lo necesario para una mujer con gusto de la buena imagen en momentos formales, estamos hablando de acudir a eventos que requieren mayor atención a los detalles, tanto en jardín como en salón. Un bolso debe ser combinado en mi opinión con los zapatos y/o joyería. No todas pueden tener un bolso de marcas mundialmente reconocidas, pero si deben saber portarlo y lucirlo.

En mi opinión denotan una mejor apariencia, mujer porta una cartera o bolso de tamaño pequeño, donde solo deben estar las llaves, maquillaje básico, tarjetas y el teléfono.

Llevar esos bolsos que parece que van a la oficina o que ya parece que tienen maleta en mano con todo y plancha para el cabello, no se me hace muy formal para usar con el atuendo que tanto te costó buscar. Los bolsos normalmente los colocan en el respaldo la silla para no ocupar una silla que puede ser utilizada por otro invitado y tenerlo a la mano para lo que se necesite. Yo te recomiendo que lo evites ya que son propensas a estar estorbando al paso de las personas o camareros porque hay que admitir que los espacios entre mesas no siempre son muy amplios. Un detalle que muy pocas mujeres saben, incluso los hombres (que no está de más saberlo) es que las bolsas se dejan al centro de la mesa, es por eso que te recomiendo un bolso de tamaño apto para usar y colocar en la mesa.

Los zapatos son la cereza del pastel o tus peores enemigos; Escoger un buen par de zapatos para acudir a la boda de tu amiga sin ser "viboreada" por las demás invitadas es muy común por desgracia.

Unos zapatos que tengan el mismo sentido con tu vestido es lo ideal, evita usar tacones muy altos que se te sea difícil caminar, pueden ser los mejores zapatos que hayas visto, pero si no puedes caminar con ellos menos podrás divertirte por estar cuidado en no caerte. Tampoco vayas con unos que parece que son lo que llevarías a la escuela o que parce que llevas flats.

Los gustos en zapatos para dama son muy variados, pero si gustas de vestir un calzado que sea abierto hay que considerar estos consejos:

-Evita usar zapatos de cinta largas que pareciera que vas a luchar en una batalla por roma, considera unos que solo se cierren a la altura del tobillo.

-Para usar zapatos abiertos o semi abiertos de la punta debes tomar en cuenta la buena presentación de tus pies como una buena pedicura y si vas a pintarte las huyas que tengan coherencia con el estilo de tu atuendo.

-Si tu gusto es usar los zapatos abiertos por favor usa unos que sean de tu talla, una mala percepción que puedes reflejar es tener zapatos que te queden muy chicos o muy grandes, que se ven tus dedos volando por dos centímetros de él, deben ser de tu talla.

-No cortes tu estatura usando zapatos que sean muy largos al igual que tu vestido si eres de aquellas damas no muy altas, harás que tu imagen física se vea a un más corta y denotara que la ropa te queda grande.

Ya todo listo por ambas partes, ahora entremos al salón y veamos los siguientes consejos ya en plena fiesta a la que nos han hecho el honor de invitarnos. Porque si se tomaron la molestia de invitarte es porque eres una persona especial, si por des fortuna no lo hicieron por falta de cupo, presupuesto o cualquier motivo más, evítate la penosa reacción de ¿Por qué no me invitaron? ¿Qué te caigo mal? ¿Pero ellos si fueron a tu boda? Ellos tuvieron sus motivos y no debes hacer una "escena" de ello. Si no pudiste ir, solo felicítalos y has comentarios aptos para ellos.

Bien, ya estamos en el salón y lo primero que hay que hacer es buscar nuestra mesa con la sección que se te dio en el boleto. Si no lo sabes o está en duda, no llegues a sentarte donde se te ocurra, asegúrate de que no se hayan asignado los lugares, de ser así espera a que el organizador del evento o la persona a cargo de

TU MENTE HABLA Y ESCUCHA.

los lugares te notifique donde deberás tomar asiento. Ese es tu lugar y no debes cambiarlo, si te pusieron ahí es por una razón.

Has llegado a la mesa, tomas asiento donde puedes platicar o saludar a los demás de ser necesario, pero uno de los modales que se deben tener en cuenta es que los cubiertos, copas, vasos, platos, servilletas, etc. no son para estar jugando, todo debe permanecer tal y como lo encontraste.

Si el mesero te ofrece algo de beber, no vayas directo al alcohol (que generalmente no dan llegando) yo te aconsejo que pidas un refresco o un poco de agua para aclarar o refrescar la garganta.

En esos momentos estamos disfrutando de nuestra bebida y viendo quien más llega, donde se sientan, observando la decoración y de repente te encuentras con una cara familiar que se acerca a ti para saludarte. Como es un momento donde se da el estar saludando personas conocidas o incluso por conocer, te hago la recomendación de que las bebidas las tomes con la mano izquierda ya que es muy mal percibido que te saluden con la mano derecha húmeda y fría.

Ha comer se ha dicho y tenemos varios cubiertos en nuestro lugar con dos o tres tipos de copas enfrente, más un plato con una porción de pan y no sabes que hacer.

En eventos muy formales o de etiqueta existen muchos más protocolos que no se está muy experimentado para estar en la mesa. Voy a darte unos consejos básicos para que no manejes una mala imagen con los demás en la mesa.

Una vez que ya se haya abierto la mesa (es cuando el anfitrión se coloca la servilleta o tu mesa está llena) tomas la servilleta la doblas a la mitad y la colocas sobre tu regazo. Es muy mal visto que se lo coloquen como babero, denotara que no tienes buenas maneras a la hora de comer y que eres propenso a ensuciarte. Debes escoger una esquina de la misma para poder limpiarte y solo esa esquina, no uses toda la servilleta ya que se manchará toda dando un mal aspecto. Y al regresarla después de limpiarte debes colocar la mancha dentro de la misma servilleta doblada para no machar tu ropa.

Ya vienen los alimentos ¿y no sabes que cubierto usar? No te preocupes los cubiertos están colocados para decirte los tiempos de cada alimento, para mejor entendimiento los cubiertos se usan de afuera hacia adentro. Eso son los tiempos o los platillos que estarán llegando a tu mesa. No vayas a tomar el tenedor para el plato fuerte para comer la ensalada. Si solo tienes un par de ellos, los meseros te indicaran que hacer con ellos si quedártelos o entregarlo para que ellos te lleven el que usaras después.

Hablando de las copas hay que saber que las tuyas son las que se encuentran del lado derecho y si tienes más de una son para diferentes bebidas. Las de boca más ancha o abierta son únicamente para agua, las que están un poco más cerradas con el vino tinto, después le sigue la de vino blanco y al final la copa flauta que es más cerrada para tomar champagne o alguna bebida dulce, esto es porque las copas con menor apertura resguarden mejor los aromas.

El pan si es que te toca una sola pieza es la que se encuentra de tu lado izquierdo y no se estén peleando por él o te des cuenta qua ya te lo ganaron y tú le robes al de la derecha y se haga todo un conflicto por pan. Ahora que si está al centro es para todos los invitados de la mesa y ahí si no existe dilema que lo tomen todos.

Una vez que se te sirve y te acabaste la entrada, llega la sopa o crema, debes tomar en cuenta que la sopa se come con la cuchara de lado (por eso esa forma de la cuchara), no de frente, dejando caer la sopa en la boca, por favor no sorbas ya que es muy desagradable estar escuchando ese ruido molesto.

Ya llegó tu plato fuerte lo cual debe ser carne, pollo o pescado, es bien sabido que se come cada vez que cortas, es mal visto que cortes toda carne de una sola vez. Si te da sed y gustas del agua o el vino, incluso de tu refresco que tenías en tu vaso, lo primero que debes hacer es limpiarte y después beber, así no dejaras resto de comida en el vaso o peor aún, flotando en la bebida.

LA COMIDA VA A LA BOCA, NO LA BOCA A LA COMIDA.

Si gustas hacer una pausa para ir al baño, saludar a alguien o simplemente porque requieres descansar de los alimentos por un segundo, los cubiertos se dejan boca abajo sobre el plato, no hagas el error de ponerlos nuevamente sobre el mantel. Ahora que si ya acabaste y gustas que se lleven tu plato ambos cubiertos debes estar dentro del plato hacia abajo marcando las dos con diez como un reloj.

¿Los compraras tan caro?

Todos nos hemos dado un gusto cuando a comprar se refiere, porque tenemos las ganas de conseguir ese artículo doméstico, accesorio, bebida o servicio que está un poco fuera de nuestros gastos cotidianos.

¿Crees que el precio es relevante? Bueno, la respuesta común sería SÍ, si es muy caro no lo compro, eso es lo que respondería tu cerebro córtex o racional. Pero quien realmente manda es nuestro cerebro emocional y es quien dice, qué más da, vayamos a comprarlo.

Existen productos que puedes encontrar en la calle que son menos caros a diferencia de aquellos que puedes encontrar en una plaza o un local que pueden costar de tres a cuatro veces más con diferencia del precio callejero.

Toda esta información te lo comento porque vamos a ver un ejemplo simple, el cual te hare la pregunta que a muchos nos han hecho ¿has comprado en la cafetería famosa Starbucks? Estoy seguro que sí, al menos todos lo hemos hecho dos o tres veces y solo para comprar un café. A diferencia que te dirijas a comprarlo a un mini súper o con Doña Chuchita que tiene un rico café de olla que a todo mundo le agrada.

Entonces si lo que buscamos es un café y lo tiene Doña Chuchita ¿Por qué preferimos ir a una cafetería con mayor prestigio y pagar tres veces más por un simple café? Sin contar algún alimento dulce o salado que pueda acompañar la bebida.

O qué tal aquí en México donde buscas alimentos que sean típicos y comunes en un país como el nuestro dónde estos alimentos los encuentras en cada esquina de cualquier zona común, ese puesto donde puedes sentarte en un banco de platico o quizá unos bancos de madera cerca de Doña Rosa y le solicitas una quesadilla, un sope o incluso un pozole.

TU MENTE HABLA Y ESCUCHA.

Este tipo de puestos venden alimentos que no son muy difíciles de conseguir, pero aquí está el punto que quiero llegar para entender que el precio no es relevante, al menos no racionalmente.

El lugar familiar que vamos a poner como ejemplo es el restaurant que existe en México llamado La Casa de Toño, un lugar que siempre está lleno hasta el tope, donde la gente ha llegado a esperar mesa bajo el sol y con mucha paciencia.

¿Qué es lo que esperan consumir estas personas que están esperado que les asignen una mesa en estos lugares tan amplios para comer? La misma comida que te ofrece Doña Rosa, así es, las quesadillas, sopes y el pozole, los cuales están en la carta con un costo mayor de lo que el puesto con los bancos de plástico te ofrece.

Entonces llegamos a una conclusión que el precio no es relevante ante los alimentos que puedes pagar de exceso ante comida que puedes encontrar más baratos. Ya sabes que es lo que tiene la cafetería famosa que te ofrece wifi gratis y un espacio amplio para estar un tiempo razonable. Todo el proceso que ya revisamos de esta marca hace que pidas una bebida de café con crema y chispas sin ninguna culpa, pero sí con mucho placer.

¿Qué hay del restaurant?

Los restaurantes también tienen su lado oscuro al hacernos pagar precios que no son muy comunes para el tipo de alimentos que nos ofrecen.

Hace unas líneas atrás te pregunte ¿Qué es lo que los hace esperar una mesa en esos establecimientos? ¿Por qué estar esperando? ¿Qué tiene ese lugar que te hace ir y esperar diez minutos más a que te den tus alimentos?

Muchos podrían decir que es un lugar cool para personas pudientes que no gustan de comer en puesto callejeros. Sin embargo, llevamos revisando este tema que aunque no seamos pudientes se puede pagar lo que sea si así se desea.

Tuve el gusto de visitar este lugar en una plaza comercial donde se ubicaba en el Estado de México, una tarde como cualquier otra donde no deseábamos estar en casa y sin energías para preparar algo delicioso y sano.

El asistir y pedir la mesa fue un poco pesado ya que el hambre se acercaba, y note una cosa al estar allí, lo que nos agrada principalmente es la atención, siempre estamos dispuestos a que nos consientan, darnos un gusto culposo sin importar los números de la carta.

Los mexicanos no somos muy gourmet cuando salir a comer se trata, pero estos lugares donde dan ese ambiente que nos hace creer que podemos ser capases de poder invitar a la familia a comer en un restaurant, y tu podrás decirme, PERO VENDEN SOLO POZOLES Y QUESADILLA, comida poco saludable porque no hay que olvidar que esos tipos de alimentos los acompañamos con alguna cerveza o una soda azucarada.

Sí, lo que te venden son alimentos no muy saludables, pero si al cerebro no le gustara la comida chatarra que nos de ese peligro (que es un peligro reparable) no estaríamos ahí. Entonces ¿Por qué ir al restaurant en lugar de Doña Rosa?

Porque no está el sol dándonos en la espalda, porque está limpio, no pasan camiones tocando el claxon, porque te atienden dándote el poder de creer que somos lo mejor para la familia pagando el costo cual sea haciéndolos feliz y sin olvidar que sus alimentos no son de mala calidad.

Entonces respóndeme, ¿prefieres al perro que se acerca, a los camiones peleando, el polvo que se levanta, los asientos

TU MENTE HABLA Y ESCUCHA.

incomodos y el calor sofocándote que no te dejan disfrutar de tus alimentos en paz o prefieres estar a gusto, en un ambiente fresco que te hagan sentir que eres el rey (al menos de tu mesa) en una mesa limpia sin molestas manchas?

Dime que teléfono tienes y te diré cuanto tienes, es una idea subconsciente que se hace ante una persona que te deja ver qué tipo de teléfono celular inteligente tiene en su poder.

Hay muchas maneras de crear una opinión que se transforma en percepción de una persona tan solo con observar su móvil. Ya hablamos de alimentos así que le toca a la tecnología.

¿Qué teléfono tienes? Entonces eso ganas, no ha de ser mucho, comentarios que nos hacen estar en el ojo del huracán y hacernos sentir mal con nosotros mismos, por consiguiente, buscamos la manera de encajar en un ambiente que hoy día es medido por el tipo tecnológico que te etiqueta tu estatus económico, incluso hasta el social.

La discriminación en los tiempos modernos se está dando ya no por tu color de piel si no por el status económico que manejemos en la sociedad, el cual provoca que busquemos no ser despreciados, dicho en otras palabras, criticados por tan solo llevar un móvil que se encuentre "fuera de moda". Al tener el rechazo o la crítica de la tribu nos hace sentir que no pertenecemos en dicho grupo social y se busca la manera de no quedarse atrás y ser aceptado tratando de poder encajar con ellos.

Si lo que nos hace estar fuera del círculo de la tribu es un teléfono celular por dar un ejemplo, haces lo que sea para tratar de conseguir uno, llámese iPhone, Galaxy, etc. Buscamos la última tecnología para decir, yo tengo, yo puedo, por favor déjenme entrar.

Nos guste o no, buscamos aquel detalle que nos elimine el miedo a ser rechazados, por lo que, si tu próximo teléfono celular cuesta quince o veinte mil pesos, aun que te quedes sin camisas o blusas en caso de las mujeres, estás con la decisión en la cabeza de adquirirlo sin importar nada.

El precio no nos importa, si nos hace estar bien, sin miedos y ser aceptados, lo mismo pasa cuando compramos televisiones inteligentes más una estructura en la pared donde podrás montar la televisión, y aunque te duela pagar veinte mil pesos por ese accesorio que solo te da el acceso a la actualidad, en el mundo por ejemplo de los que ven NETFLIX.

He platicado con muchas personas del ¿Por qué prefieren este tipo de gastos y no hacen el esfuerzo de invertir en un buen libro? La respuesta de la mayoría de ellos fue: POR QUE SON MUY CAROS.

Lo cual me puso a pensar el ¿por qué la gente compra tecnología sin relevancia? embarcándose en cuentas o créditos donde incluso llegan a estar un año pagando por él, cuando un libro está al alcance por debajo del costo que harán con dichoso crédito.

Llegando a la conclusión de que el precio no es relevante siempre y cuando te provoque una disminución de los miedos que ya revisamos, y a su vez que llegan al interior de tu cerebro para provocarnos un deseo por la marca para correr por el teléfono de último modelo y llegar a presumirlo.

Marketing Sensorial:

El marketing no solo es para presentarnos una marca, o hacernos saber que tienen promociones del 2x1 o el próximo evento del artista de moda. Es la que nos está "hackeando" constantemente el cerebro para lograr el deseo y la conexión con el producto, por eso saliste corriendo a comprar el celular en lugar del libro que cuesta una mínima parte de lo que ese gatget es ofertado.

¿Cómo nos hace eso el marketing? ¿Cómo nos crea el deseo? En mi experiencia con el marketing sensorial, he estado analizando cómo es que nos conectamos a un nivel extremo por esa marca de televisión, alimentos, producto, perfume etc. Y logre ver que somos influenciados con nuestros cinco sentidos que están listos para activarse al momento de recibir el bombardeo del marketing.

Muy bien, veamos cómo es que los científicos y los mercadólogos logran sus objetivos, a pesar de que no es información de otro mundo, pero no lo notamos y caemos en la red de las compañías.

Olfato:

Uno de los sentidos que está presente día y noche, el sentido donde podemos conocer cuál puede ser el resultado de cierta comida o producto, también es aquel que nos puede avisar si hay algo que no está bien en nuestro entorno, ya sea, una fuga de gas, olor a combustible incluso un alimento ya pasado.

En el marketing sensorial hay que saber cómo, cuándo y a quien hay que ofrecerle el desarrollo de una estrategia olfativa. Un ejemplo que me gusta cuando lo supe fue de una marca reconocida de hotelería que buscaba crear una precepción olfativa hacia su marca.

¿Sabes a que huele un hotel? ¿Sabes cuál es su aroma? Claro que me estoy enfocando a hoteles de grandes marcas, no tanto a los de nivel medio o aquellos que solo para estar una noche. Me refiero a los hoteles que usas cuando vas de negocios o vacaciones donde lo importante es la estadía. Aquellos lugares

Oscar Huitrón

donde en lugar de venderte una cama para la noche, te venden el ser el rey fuera de tu hogar, donde no te debes de preocupar por nada ya que ellos lo hacen por ti.

Esta marca de hotel muy reconocida en Suiza, al querer buscar una fragancia que sea aparte de su imagen empresarial, contacto a Sissel Tolaas experta y científica en el mundo de las fragancias para que los apoyara en la creación de un aroma que pudieran incluir en la gran cadena de hospedaje. Ella después de haber hablado con el dueño de esta cadena se dedicó a realizar una investigación ardua sobre lo que diferencia a este hotel, créelo o no ella se dedicó a oler cortinas, almohadas, pisos, plantas etc. Todo aquello que existía en el edificio, y claro se dio cuenta que era un edifico muy limpio, pero no es lo que estaba buscando. Cuando busco poder obtener más información sobre que podría servir a esta compañía, se dispuso a averiguar cómo huele ese país.

Así como en tu país o ciudad ya existe un aroma ambiental que es parte de su esencia, ella salió a varios lugares en la ciudad e incluso a la naturaleza para averiguar qué es lo que hace Suiza tan especial en su aroma. Ya afuera se dedicó a oler el aire de la ciudad, los árboles en la naturaleza, la nieve, las hojas, las montañas, rocas etc.

Pero no estaba conforme algo le hacía falta, ese detalle que pueda hacer que identifiques la marca de hotel con el aroma y sea bien registrado por el cerebro. El ingrediente que no esperaba encontrar que pudo ser la cereza del pastel fue el dinero, ese símbolo de poder, de lujo y "paz" (porque ya hablamos del dinero al principio del libro) se dio cuenta que el papel junto con las tintas sumado con la esencia de metal de las monedas tenía ciertas características que lo hacían especial.

Después de un año entero de investigación y varias pruebas para crear la esencia que será parte del cliente, logró llegar al aroma que solo ellos podrán tener y ser recordados sensorialmente por los clientes que visiten el lugar.

Los experimentos de investigación son muy interesantes para saber cómo reaccionan las personas ante situaciones que no son muy comunes en su día a día. En estados unidos se creó un experimento donde colocaron un puesto que regalaba muestras gratis de carne de castor y ardilla.

Al saber de qué tipo de carne se trataba la gente empezó a rechazar la oferta que era gratis, no lo querían por ser un tipo de carne que no era de consumo común en ese país vecino. Era el resultado que se esperaba del público, pero después de unos cambios simples como arrojar el olor con ayuda de ventiladores de la carne a los habitantes que transitaban por esa calle, haciendo llegar el olor de la carne que se preparaba en su jugo y un toque de grasa, el público empezó a acercarse a investigar e intentar probar la carne ya que olía demasiado bien.

¿Cuál es el resultado? La gente empezó a probar la carne, pero la sorpresa era que no era de castor ni ardilla, era carne común de res. Pero la sugestión es muy fuerte a leer que no es res y hacemos un rechazo, cuando percibimos que tiene un olor agradable estamos dispuestos a intentar probar cosas nuevas.

Esto pasa igualmente cando entras a una cafetería que al momento de entrar puedes ser envuelto por el olor a café, donde te despierta el deseo por consumir un café expreso, americano o capuchino. Esto pasa por ejemplo en la marca Starbucks que es una empresa que sabe cómo debemos ser seducidos, cuando ellos colocan el olor de café hace que tenga más éxito en ventas a diferencias de otros lugares que parecen que son celosos con sus aromas.

También en ciertos restaurantes que dejan la cocina abierta, dejan que el comensal empiece a degustar la comida desde un inicio con solo oler la comida que proviene de ese lugar tan mágico que es la cocina. Si dejamos que empiecen a conocer el producto por el simple hecho de oler, harán que el deseo por consumirlo sea aún más grande y ten por certeza que volverán por más.

Esto es como un caso que paso con una marca de jabones, estaban teniendo mucho auge en las ventas, la gente lo compraba sin dudar, pero había un problema con el envase, se estaba abriendo la tapa y escurría el producto por allí mismo. Lo que paso en este caso fue que los ingenieros de esta marca decidieron colocar un seguro a las tapas para que no pudieran abrir y dejaran de chorrear. ¿Resultado? Las ventas se fueron para abajo ¿Por qué? Porque quien era el consumidor principal eran las mujeres, y sabes que ellas son las que compran con el olfato. Al no poder oler el producto simplemente buscaron otro que les llenara el deseo olfativo.

La vista:

Los ojos son la venta del alma, y son la ventana que nos hace conocer el mundo que nos rodeó, es el que está activo al igual que el olfato día con día. Es el que nos enseña que pasa en nuestro alrededor, siempre estamos viendo, observando e incluso algunas veces analizando.

Las empresas cada vez más están invirtiendo más en el marketing sensorial para lograr el resultado que todos buscan, que es vendernos cada vez más.

Siempre tenemos que ir al supermercado a conseguir nuestro producto de primera necesidad los cuales ya revisamos que los compramos con la nariz o la mayaría de ellos. ¿Pero qué hay de los alimentos?

TU MENTE HABLA Y ESCUCHA.

Aquí es donde las grandes corporaciones hacen uso de otra estrategia de marketing, que nos hipnotizan con la vista en cada pasillo o exhibidor.

Cuando vamos a comprar fruta es muy común que nos encontremos con una isla llena de frutas y verduras, pero la magia está en que tipo de alimentos nos colocan. Las que son de uso directo, llámense naranjas, manzanas son los que solo debes lavar y las puedes comer porque son más tentadoras.

En esas islas está la estrategia de iluminación donde hace resaltar los colores brillantes de los alimentos, haciendo que se vean apetecibles, de colores vivos. Estás frente de esa isla y notas que las manzanas se ven tan radiantes que quieres llevarte más de una, o la naranja que tan solo de ver su cascara denota que está jugosa y fresca para hacerte tu coctel, ensalada o incluso un sano jugo para atacar la sed y el calor.

Lo mismo pasa cuando caminas por el resto de los pasillos y te encuentras en la sección de carnes, donde se ven rojas, lista para un asador, toda la tienda tiene la iluminación de cierta manera por una razón, nada es solo por casualidad. Aunque existen súper mercados que al entrar en ese lugar te da una sensación de depresión y no sabes porque no te gusta ir a ese lugar. Lo que he notado es su falta de atención de imagen visual, no estamos cómodos, se ve gris y solo queremos irnos de allí.

O que tal los lugares donde provocan con tan solo la iluminación que te quedes más tiempo, que te de hambre, donde te relajan para que puedas degustar del lugar y sus alimentos. Los restaurantes están con una imagen visual donde buscan que estés en un ambiente agradable para que te quedes un poco más de tiempo y después de tu crema, el corte de carne hagas la famosa sobre mesa, donde estás aún reposando los alimentos para seguir la charla que tenías con tu acompañante disfrutando del postre.

El lograr que te quedes un poco más de tiempo hace que la plática se vuelva más interesante y solicites un jugo, una copa de vino, lo que te sea más agradable. Es lo contrario cuando estás es un bar a altas horas de la noche con la dopamina y exitosita a todo lo que dan y de repente te prenden la luz, ya no estás a gusto te bajan el ánimo y prefieres irte a otro lugar.

Lo mismo pasa cuando estás en una cadena de hamburguesas como Mc Donald´s que a pesar de que gustan de llamar la atención de los niños con vidrios para que vean los juegos, y se denote un ambiente familiar, normalmente vamos estamos un tiempo razonable para después ir con lo siguiente en la lista de tareas. Si ellos te armonizaran el lugar como un restaurante te quedarías más tiempo, pero es un lugar de comida rápida (comes y te vas).

En la visión está la manipulación, sabemos que a la vista se le puede engañar, y lo hemos visto en trucos de magia o efectos visuales con la naturaleza o creados por nosotros mismos. Hace tiempo fui a una tienda a buscar una nueva pantalla de televisión y noté algunos puntos que fueron fallidos por los que no me decidí a comprar cierto producto de cierta marca.

Al momento de que pasamos por el pasillo de electrónicos las televisiones colocadas encendidas tienen un solo objetivo, seducirte a la vista, debe llamar la atención ya que debemos ver para creer. Claro está que las marcas utilizan imagen echas exclusivamente para venderte la calidad de las pantallas.

Algunas marcas te demostraran que tiene mejor colorido o definición, al nivel que puedas ver la tela del actor en ella con diferentes tipos de formas, ya sean planas, cóncavas, chicas, grandes etc.

Pero cuando yo pase por el pasillo buscando cual sería la pantalla que me sedujera visualmente y lograr quitarme el miedo por una mala elección me topé con un detalle que tal vez para algunos no es la gran cosa, pero es fatal para las marcas.

Una de las pantallas estaba apagada, puede ser por que no sirve, estaba desconectada o simplemente olvidaron prenderla, y eso es un efecto negativo ya que no solo no me sedujo por estar apagada, ya no vende por que no se si tiene la calidad o los servicios que requiero de una pantalla de televisión. He hice lo que cualquiera haría, me pase de largo.

El cerebro quiere ver, te quiere creer, quiere saber que lo que le ofreces no le causará ningún problema y estará seguro y tranquilo al comprar ese producto.

Lo mismo pasa cuando vamos a comprar un teléfono celular, las compañías de telefonía o las tiendas de tecnología que te colocan al alcance su producto para que los pruebes, analices y juegues con ellos, tienen más posibilidades de crear un vínculo entre el teléfono y tú.

O un auto, cuando quieres vender tu auto porque ya está viejo, lo quieres cambiar por algo más actual, es común que se le coloque su signo de peso y vamos por la calle a ofrecerlo, pero hoy día es usar también las redes sociales o las páginas web.

Le tomas unas fotos y la subes a la web, y habrá quien te contacte y te haga preguntas y ya no se concreta la venta por que solo es de paso. Aquel que le interesa comprarlo te agendará una cita para verlo físicamente, ver como es el producto que ofreces, porque necesita creer que lo que ve es lo que tendrá, "si lo veo, te creo"

Hay que tener en cuenta la seducción para la vista como cuando queremos vender vía digital, no es igual venderte un camarón simple, con un fondo neutro y esperar que te hagan pedidos o vayan por él. La imagen debe hacer dos cosas, llamar la atención y crear un deseo por medio de la seducción.

El jugar con el ambiente es mucho más trabajo, pero te da más resultados, este es un caso de un súper mercado Alemán que utilizo una estrategia donde se involucraban los cinco sentidos.

Ellos armaron un ambiente en la zona de los productos de mar, donde la gente pasaba y se quedaba más tiempo y no sabían por qué. La estrategia que utilizaron fue "trasladar" al consumidor a una playa estando en pleno centro comercial.

Colocaron unas proyecciones de peces nadando en el piso del lugar, con una calidad increíble y daban el efecto que estaban nadando por debajo de tus pies. Ese efecto apoyado con sonido de olas, olores de hierbas y pequeñas brisas hacían que la gente se quedara media hora más y por consiguiente consumir más en la tienda.

Oído:

Háblame al oído y lograras que te consuma, un comentario que pudiera decir nuestro cerebro al momento de generar una explosión de sensaciones al momento de que el sonido del marketing se refiere.

Estamos expuesto a cientos de sonidos en este momento, incluso tú ahora que estás leyendo este texto, puedes estar escuchando algunos pájaros, autos pasar, personas conversando, música a lo lejos, incluso hasta un perro ladrar.

Entre todo ese mundo de momentos auditivos puede estar entrando un sonido que fue generado exclusivamente por las grandes corporaciones para que puedas tomar en cuenta su producto y sea guardado en tu cerebro y posteriormente el objetivo de llegar a caja.

Un ejemplo puede ser de aquella empresa de aspiradoras los cuales se encontraban en la búsqueda de un desarrollo auditivo para que su producto fuese más grato hacia el comercio principal que es el hogar. En algún momento hemos trabajado con una aspiradora, la cual pudo ser de una marca que es muy ruidosa y molesta.

Esta empresa buscó a un especialista en Sicoacústica los cuales realizaron igualmente un estudio delicado para saber cuál sería la solución hacia esta empresa para hacer de su producto aún mejor.

Todas las aspiradoras son diferentes, aunque hagan el mismo trabajo, pero una calidad supera a la otra, sin embargo, estos expertos dedicaron un año de su investigación a buscar el sonido perfecto para ese producto que estaría listo en tienda.

Su investigación básicamente era determinar que hacía que el sonido fuera más molesto que otras aspiradoras, lo cual el experto en sicoacustica se dirigió a su área de concentración, que fue un bosque, ahí mismo donde ha logrado obtener información e inspiración para todos sus proyectos.

Y llego a una conclusión básica que estuvo todo el tiempo a sus pies, las ramas secas, aquellas partes de la naturaleza que son abandonadas en el suelo de aquel bosque tienen un significado al momento de la comunicación auditiva SON UN SISTEMA DE ALARMA.

Todos sabemos cuándo acampamos, damos un simple paseo o incluso en las películas que al sonar unas ramas secas es porque algo se aproxima, y ¿Qué genera en el cerebro? Una alarma, precaución, algo no está bien.

Con ese dato y muchos más que logró obtener, se dedicó a filtrar el sonido de la aspiradora comparada con otras marcas, a un sonido que fuera menos alarmante, menos sonoro para el cerebro y sea más aceptado. Toda esta investigación obtuvo como resultado incluir unas pequeñas aspas como un ventilador en el tubo, haciendo que el sonido de este producto fuera menos agresivo y que el mercado del hogar lo recibiera con más positivismo.

¿Recuerdas el experimento de la carne de castor y ardilla? Ese experimento no solo tuvo éxito por hacer llegar el olor al público y se acercaran a probar, lo que pasó fue que los expertos que buscaban una respuesta del público incluyeron además del olor, sonido.

Colocaron una bocina escondida dentro del puesto ambulante con sonidos de carne asándose, como cuando vas a una carne asada y escuchas como el filete se cose en su jugo y un toque de grasa se te hace agua a la boca. Lo mismo pasó con este experimento, el sonido genero un deseo de comer en las mentes de las personas que llegaron sin dudar a probar la "carne de castor".

Este no es el único experimento que se realiza para determinar la respuesta del cerebro ante diferentes sonidos o decibeles. Un

TU MENTE HABLA Y ESCUCHA.

grupo de voluntarios entraron individualmente a una habitación donde tenían que probar unas simples papas fritas y determinar cuál sería la mejor.

¿Qué tiene de especial con el sonido? Si eso es del gusto, me dirás. De lo que se trataba era colocarse uno audífonos y probar una papa diferente frete aun micrófono. Los voluntarios calificaban cual de menos a mayor cual papa era más deliciosa.

El resultado fue increíble, ya que los expertos manipulaban el sonido del micrófono haciendo que los voluntarios escucharan diferentes crujidos de las papas, las cuales fueron catalogas con menos puntaje las que tenían menor crujir. Lo sorprendente fue que eran las mismas papas, solo que el cerebro espera un rico crunch de las papas fritas y al no recibirlo se denominaban que no eran adecuadas.

Regresamos al súper mercado alemán, ya hablamos de dos tipos de marketing sensorial que usaron en esta tienda de autoservicio, lo que nos falta mencionar fue el hecho de que las personas a la vez de ser seducidas por la vista de la iluminación, los peces por debajo de sus pies, los olores de hiervas y sales, fueron extasiados por el sonar de olas y gaviotas.

Esto es muy importante ya que el sonido nos puede transportar a un lugar que ya hemos conocido, como la playa, donde nos dedicamos a tomar descanso y relajarnos. ¿Y a quien no le gusta estar de vacaciones?

Todo tiene un sonido por una razón, como las llantas que deben pasar una pruebe de sonido para no ser molestas y alarmantes o los timbres del hogar que algunos son más dulces para el oído.

Las mujeres no solo compran con el olfato sino además que usan el oído como muchas veces nos lo han dicho, si quieres conquistar hay que hablarle dulcemente, "háblale al oído" el ser brusco, aunque sea tu forma de hablar, puede que se alerte y salga corriendo, no estás con tus amigos.

Gusto:

De la boca nace el amor... ¿Cuantas veces no te has enamorado de algún alimento, de algo dulce suave o salado y picoso que cada vez que lo pruebas quieres cada vez más?

El probar alimentos, bebidas e incluso objetos para conocer como es o a que sabe no es nada nuevo, ya que desde niños hemos probado todo lo que está a nuestro alcance. El gusto junto con las manos son los sentidos que usamos desde pequeños para conocer el mundo que nos rodea, descubrir aquello que desconocemos.

A pesar de que ya no somos esos niños que está chupando la ventana, si somos personas con razonamiento que está dispuesto a probar aquello que se nos ofrece para descubrir si es aceptado por nosotros o simplemente rechazarlo, si es peligroso o no.

A todos, aunque algunos lo nieguen, tenemos el gusto por comer, llenar nuestras bocas de delicioso sabor de esa hamburguesa con tocino y queso. El gusto por el peligro alimenticio que se puede reparar como lo viste casi al principio de este libro que buscamos grasas y azucares.

Como todos tenemos el gusto por la comida, las empresas utilizan el típico truco de regalarte muestras de su producto ya que es la manera de que des una opinión positiva. No te quieren vender en ese momento ya que pocas veces estás buscando algo nuevo que comprar si no lo que necesitas en ese momento, lo que buscan es que cuando vuelvas al súper mercado pienses en su rico sabor lo metas en tu nueva lista.

TU MENTE HABLA Y ESCUCHA.

No basta con decir que tu alimento es súper delicioso si la gente no lo ha probado, tus ventas están dependiendo de que la gente la pruebe y lo consuma, si no conocen el sabor de tus alimentos difícilmente se atreverán a comprarlo.

El ser humano es curioso por naturaleza, por lo cual está buscando nuevas experiencias, salir de lo cotidiano hasta de la comida, es por eso que las cocinas exóticas o restaurantes de arte son muy comunes que los visiten los "nuevos aventureros" los cuales pueden regresar dos o tres veces en varios meses, pero no diario, si no ya sería monótono.

Los curiosos quieren llenar su cerebro de nuevas experiencias y sabores, esto me pasó cuando acudí a un cumpleaños hace tiempo atrás y el anfitrión nos citó en un restaurant de comida exótico. Un lugar que salía de mis conocimientos y de la comida ni se diga; a pesar de que no era comida fuera de este mundo era algo que no estábamos acostumbrados algunos de los invitados.

Este lugar te ofrecía una carta no muy grande donde la experiencia está en cada bocado para aquellos que no somos conocedores del saber de unos chapulines con guacamole o que tal unas tostadas con lechuga y su proteína principal, carne de cocodrilo. Incluso te ofrecían un shot de mezcal o tequila con hormigas de un tamaño que asusta.

No somos del bosque, tampoco de las montañas o pantanos, pero somos una especie que el peligro lo busca incluso hasta en la comida. Y si le sumamos que tienen un sabor que el cerebro registrar como nuevo, delicioso o extraño, estará en las primeas fila de información.

Un buen mexicano sabe recomendar una comida callejera, aquel que tiene la experiencia de la zona y comunicarte con tanta confianza, ve a dos cuadras y podrás comer unos ricos tacos, por ejemplo.

Podrías pensar tú, ¿por qué te menciono unos tacos si te he hablado de situaciones gourmet? es muy común que ese tipo de puestos usen el markting sensorial con o sin conocimiento. Lo primero es que ves la carne, llegas olerla y escuchar la carne…. Esos sentidos están presentes y se te abre más el apetito a modo que vas llegando a ordenar.

El gusto es primordial para los que se dedican a los alimentos, ya que a pesar de que no todos lo hacen, algunos puestos de tacos te dan la famosa "prueba gratis" donde buscan que pruebes su producto y te quedes a cenar, lo cual es lo que todos requieren que hagas.

Pero no pretendo comentarte de los tacos, si no de lo que hace el ingrediente especial un buen taco; seguro ya sabes de qué estoy hablando, claro, de la salsa. Todo México sabe que si la salsa es exitosa como el ingrediente estrella de lugar, el taco pasa a segundo plano.

Al mexicano le gusta comer bien y picoso, no es un secreto esta información, pero pareciera que así lo toman, me a toca saber de casos de conocidos que ya no van con Don Chui o Don pepe porque cambiaron la receta de la salsa o bien, simplemente no es buena desde un principio.

Estudia tu mercado, ofrece aquello que tu futuro consumir está buscando en ese tipo de producto, si tu negocio no es de tacos, pero sí de postres tendrás éxito con manejar varios tipos de chocolates porque las mujeres son las que más los consumen, siempre buscan ese delicioso producto que bañe su postre, ya sea en liquido o chispas.

Tacto:

En la curiosidad está lo tentón para conocer que dimensiones tiene, que textura, peso etc. necesitamos el tacto como en la vista, corroborar que es lo que estamos obteniendo, que sucede en nuestro mundo lleno de sentidos.

Un ejemplo muy común es una toalla o cobija ¿Qué hace la gente cuando quiere comprar uno de estos productos? lo toca, quiere conocer lo que va a estar en contacto con su piel, nadie quiere una lija para secarse después de darse un baño.

El cerebro por sobrevivencia quiere aquello que le de placer al taco cuando de producto se trata o en busca de pareja. Hombres y Mujeres son atraídos por una piel suave o ellas cuando ven un oso de dos metros en pleno pasillo, lo primero que hacen es correr a abrazarlo; te habrás dado cuenta que son ellas las primeras en ir hacia este gran amigo peludo y suave.

El cerebro necesita tocar para creer, es un caso similar a la vista, si notas un producto que está publicado en una página web, puede ser que lo quieres porque se ve atractivo, sin embargo si pudiéramos tocarlo como los celulares en las tiendas de tecnología el cerebro cree y conoce lo que está tocando.

Un auto debe ser manejado para enamorarse o unos zapatos colocados para notar que son cómodos y te verás increíble, si están solo en una vitrina, lo verás, te gustará, pero te iras de largo.

Un error que he notado es cuando exhiben los colchones en pilas, uno tras otro en un stand vertical, es muy difícil que la gente los pruebe y más que los compren. Debemos conocer que tanto se amolda a nuestro cuerpo para desear que sea nuestro nueva "estación" de descanso.

La reacción natural de todo ser vivo en la tierra es huir ante una amenaza, nadie quiere estar en una superficie porosa y filosa que no te brinde la suavidad al tacto o el confort que buscamos (a excepción de los que se acuestan en cama de clavos). El tacto es un sistema de sobrevivencia desde nuestros antepasados para que reconozcas cuando el agua está helada o peligrosamente hirviendo.

Este sistema no es el más complejo, pero si el más grande, porque nuestro sistema de tacto está por todo nuestro cuerpo y se transmite por la piel, por donde te pase una pluma de paloma por tu cuerpo lo sentirás ya sea en tu pie o tu cabeza.

Tocar es básico desde que nacemos, así como el gusto, nos ha ayudado a conocer lo que está por venir en los próximos años. ¿Qué es? ¿Para qué sirve? ¿Qué textura tiene?

Cuando conocemos algo nuevo nos convertimos inmediatamente en niños, que solo quieren estar jugando hasta el cansancio con aquello que nos han puesto enfrente. Al cerebro le da un placer de endorfinas cuando estamos jugueteando con el nuevo smarthphone que te compraste o incluso cuando te encuentras con el auto de control remoto de tu hijo, lo tomas por un instante y estás jugando por horas, porque lo empezaste a conocer en cuanto lo tocaste para saber cómo funciona.

La naturaleza ha estado en contacto con nosotros desde nuestros antepasados, es por eso que al cerebro la agrada estar en contacto con formas orgánicas, todo aquello que tenga curvas, el cerebro ama las curvas ya sea de una botella de shampoo, un automóvil, un adorno para el hogar etc.

Desde nuestros antepasados hemos tenido la conexión con lo natural, lo cual es más factible que hagamos un lazo mayor con un producto que tenga esta cualidad logrando una fidelidad no solo por el producto si no por su envase curvo.

Las compañías de autos han logrado imitar las formas orgánicas como los tiburones para inspirarse en el nuevo diseño de sus autos, ya que los modelos que han estado saliendo a la venta con forma cuadrada obtienen mayor rechazo a diferencia de los que ya menciónanos.

TU MENTE HABLA Y ESCUCHA.

El reconocido Jürgen Klaric el cual fue catalogado como el mejor vendedor del año, menciono en uno de sus talleres que si tú mujer quieres conquistar a un hombre, no dejes que te toque en una semana, un punto en contra de lo que hemos visto pero funciona.

Los hombres no solo somos visuales, también táctiles y siempre queremos estar probando todo lo que esté a nuestro alcance; en cuestión de la conquista hacía la mujer, deseamos sentir su piel o hacer algún contacto físico para saber que ella es real, si tú como mujer haces caso del consejo de Jürgen Klaric el hombre estará vuelto loco y es más probable que de todo por ti.

Estas son las observaciones que podemos analizar con respecto al cómo usar la mercadotecnia para lograr hacer más fieles a los consumidores, tiene que ser llevado con estudios previos, porque cada caso puede variar en las marcas si sabemos identificar su valor fantasma.

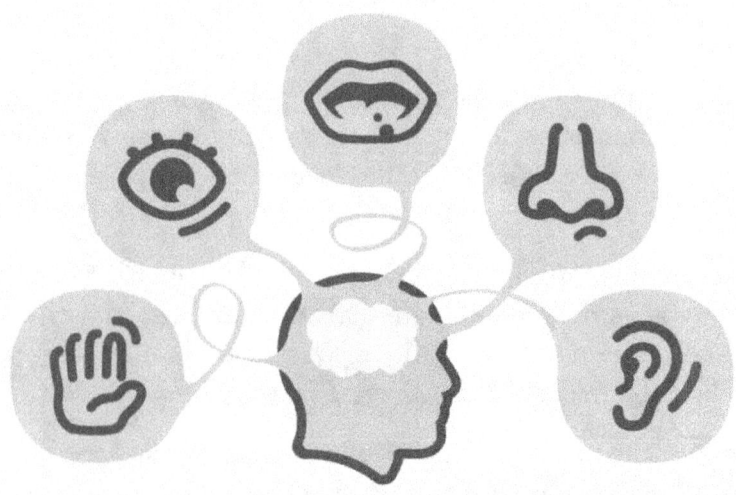

Oscar Huitrón

NO VENDAS, HAZ QUE TE COMPREN. Víctor Gordoa

Redes sociales:

Tu imagen en las redes sociales está en constante riesgo de explotarte en la cara cada día si no sabes cómo debes actuar en estas plataformas actuales, las cuales son de un doble filo.

Todos tenemos una cuenta en alguna red social, donde hacemos chistes, compartimos videos, damos ayuda, información, publicamos eventos espaciales a nuestros contactos para demostrar que estamos pasándola increíble. Incluso hemos llegado a retar al destino publicando situación que ponen en riesgo nuestra vida.

Para ti, ¿Qué son las redes sociales? ¿Para qué sirven? ¿En qué nos afectan? ¿Quién está detrás de ellas? Preguntas que la mayoría no sabe responder, yo soy uno de ellos, pero si te puedo decir que son la plataforma de comunicación del futuro a pesar de que ya existe un mundo de información.

En internet existe todo aquello que es más poderoso que el oro, que el petróleo e incluso las armas. Contiene aquello que, si es tomado sin permiso y sin tacto puede destruir un país entero, seguro ya sabes de que te estoy hablando, INFORMACIÓN.

La información de cualquier individuo con una cuenta de e-mail, red social, tienda en línea etc. está en los servidores de las corporaciones que almacenan nuestros datos, a pesar que nos digan una y otra vez que la información personal de nuestras cuentas está segura, no deja de estar en riesgo. Hay que recordar que existieron varios casos de información extraída de esos servidores, como paso en el caso de Facebook.

TU MENTE HABLA Y ESCUCHA.

Toma tus precauciones en el tema de tus datos privados en internet, en algunos años los cuales ya no deberán ser muchos; el internet, nuestras cuentas y nuestras imágenes serán lo único que nos den acceso a la vida real.

¿Cómo se enlazará el internet o redes sociales con la vida real? ¿No es lo que ya hacemos? A lo que yo me atrevería a decirte: Sí, es lo que ya hacemos, pero no es lo mismo. Los tiempos están cambiando tan rápido que hemos avanzado más en la era tecnológica en los últimos diez años de lo que se avanzó hace cincuenta años.

En el futuro próximo habrá cambios grandes, tanto que si las compañías actuales no están a la vanguardia será una caída enorme en sus ingresos y podrían correr el riesgo de cerrar sus puertas.

Por ejemplo, se está moviendo el mundo digital tan rápido que existe la posibilidad que la moneda física esté a punto de desaparecer, con el caso que va y viene de Bitcoin, puedes llegar a tener crédito digital, pagando con esta moneda cibernética en todo momento y la moneda física pasara a ser parte de la historia.

Como ya te mencioné, todos tenemos una cuenta en algún lado de la red llamada internet, ¿Y quién no está conectado a internet hoy día? Por lo que esta acción podría llegar a afectar a las compañías de telefonía de hogar o simplemente el uso de número telefónico. Con una cuenta que se logre hacer, se podrá tener comunicación con todo mundo como está pasando y dejar de lado tu número telefónico que será difícil de recordar.

Hoy día ya se envían mensajes de texto por internet, video llamadas e incluso conferencias eliminando distancias largas como nos lo ha vendido todo el tiempo Hollywood.

Oscar Huitrón

Te menciono todo esto porque seguro me preguntaras ¿Qué tiene que ver todo esto con el tema de las redes sociales?

Bueno, debemos tomar en cuenta que las redes sociales están por encima de cualquier cosa, los más jóvenes están llevando su vida según el dictamen de la tecnología y la vanguardia; si una red está de moda y es donde se puede interactuar con las demás personas desde la cama sin salir de ella, estamos cayendo en un abismo, para cuando nos demos cuenta del error que cometimos será demasiado tarde.

Tu imagen, reputación y seguridad están a un touch de ser dañados si no lo cuidas ya que antes de empezar a utilizar una nueva red social o si ya lo estas usando, toma en cuenta que cinco minutos de tu tiempo pueden hacer la diferencia entre compartir un momento con tus contactos a notificar que te han robado información o balconeado cuando no se debió hacerlo.

Estos cinco minutos que debes tener en cuenta son solo para configurar la seguridad, etiquetas, e información para que no cualquiera pueda verla y pueda extorsionarte con ella.

Bien, ahora que ya hicimos esta pequeña pero importante observación, pasemos a lo que nos ha traído a esta parte del texto.

Vamos a platicar de la percepción en las redes sociales ya que para la mayoría solo es una forma de interactuar, mandar chistes, compartir momentos e incluso ayudar con cierta información.

Internet se ha vuelto nuestro principal modo de vida, con ella podemos comunicarnos a donde sea con quien sea, entretenernos sin dejar de lado el informarnos. Por ejemplo, el 19 de septiembre de 2017 en México, un sismo sacudió a la ciudad tan duro que lamentablemente se convirtió en un día de tristeza para todos.

TU MENTE HABLA Y ESCUCHA.

Pongo este cruel evento como ejemplo ya que al momento de la ayuda digital todo se volvió un caos, a pesar de que la gente en México estaba dispuesta ayudar incluso con sus datos de internet, el problema fue que la información que se compartía no era la adecuada, en lugar de informar la población pasó por una crisis de desinformación, al nivel que los noticieros pedían a la población que dejaran de hacerlo si no estaban seguros de donde y que se necesitaba.

No todo es malo con las redes, también existen casos donde el compartir información sobre personas desaparecidas ayudaron a encontrarlas.

Ahora, ¿Qué sucede cuando de tu imagen se trata en las redes sociales? Una vez que hayas hecho un comentario inapropiado sobre algún tema delicado serás catalogada como una persona sin escrúpulos y falta de tacto.

Tomando en cuenta este evento natural, me tocó ver que a las pocas horas de lo sucedido y con la información de las lamentables situaciones que pasaron en la ciudad, en la red comenzaron a circular los famosos memes, los cuales hacían chistes o comentarios no aptos para la ocasión.

Por consiguiente, aquellas personas que estaban preocupadas y asustadas, no esperaron ni un minuto para atacar a los usuarios que compartían dichos memes; sobra decir que la imagen de los "memeros" decayó ante la civilización dolida.

Las redes sociales son para divertir no para exponerse y sin importar que tanto la estés pasando bien en el antro de moda, la boda de tu prima o el cumpleaños de tu abuela, existen detalles que debes evitar si no deseas manchar tu imagen.

Lo vicios son parte de la vida de cada ser que independientemente deseé tenerlo y estoy hablando del alcohol y del cigarro. Estos dos son los vicios principales que abundan en las fiestas o antros, a lo que me lleva hablar de tu imagen cuando estés consumiéndolos.

Cuando estás pasando un momento agradable con tus amistades y estés por subir una foto a tus redes sociales, detente un momento y analiza la fotografía para preguntarte ¿Es esta fotografía adecuada para mi imagen?

Las fotografías que demuestre el uso del alcohol en primer plano no son muy bien recibidas para la percepción que puedas generar en tus contactos, evita salir en fotografías con alcohol en la mano.

A pesar de que ya saben que estás en un momento de convivencia, al salir con una copa en mano dará el mensaje de ser una persona que no puede separarse del alcohol, que te gusta presumir "tu alcoholismo" a eso le sumas que todos tus álbumes están llenos de fotografías como esa, tendrás una marca como persona de cuidado.

Lo mismo pasa cuando tienes un cigarrillo en la mano, a pesar de que es más difícil encontrar donde descansarlo, te recomiendo que lo ocultes atrás de ti y esa foto que seguro alguien te etiquetará se verá mejor si no reflejas el vicio que tienes en ese momento.

DIME QUE PUBLICAS Y TE DIRÉ COMO ERES.

Las fotografías no solo pueden afectar tu imagen y la percepción de los demás en tu lista de contactos, también pueden afectarte las publicaciones de textos o los famosos memes.

Existen muchos tipos de memes en la red que pueden ser gracioso para nosotros y los demás, mismos que pueden afectarte por ser de mal gusto para algunos o textos similares que puedan

TU MENTE HABLA Y ESCUCHA.

cansar a tus contactos y lleguen a tomar la decisión de bloquearte.

Si eres de lo que "gritan" en las redes sociales todo lo que le pasa por la cabeza y solo te pasa una sola idea, la gente llegara hacer una conclusión, que no tienes nada nuevo que aportar y les serás alguien aburrido por estar publicando constantemente que buscas alcohol, que tienes un desamor, que crees en dios o incluso que usas el internet para insultar a los demás.

Me toco tener a una persona en donde su vida digital se la pasaba buscando fiesta para alcoholizarse o haciendo menciones con palabras altisonantes que no eran muy agradables de ver.

Ten en mente que las redes sociales son una extensión de nuestra imagen y puedes mancharla con tan solo unos cuantos detalles mal aplicados.

En lo personal me es más incómodo ver publicaciones con palabras altisonantes y peor aun cuando se menciona a una persona que incluso sabes que no te va a leer, como un jugador de soccer o football americano, dando a notar que solo busca recibir likes.

Una persona como yo puede ver constantemente este tipo de publicaciones y pensar que es una persona complicada de llevar y con falta de atención hacia los demás, que en algún momento puede publicar un comentario sobre mí o de ti.

Una imagen puede mancharse por decisión consciente o inconsciente en la acción de un tercero, para evitar que te etiqueten en fotografías o memes donde pueda dañarse tu imagen, te recomiendo que configures tus redes a que se te pregunte si quieres ser etiquetado en dicha publicación, así no te balconearan con alguna situación indebida.

De la vista nace el amor o la lujuria, por lo que si eres de lo que gusta demostrar a los demás que tiene un físico extraordinario por haber hecho una buena rutina de ejercicio o por estar a dieta, estás en todo tu derecho, pero toma en cuenta que puede ser contraproducente en tu imagen como en tu seguridad. Sin dejar de lado que puede ser tomado como que eres una persona exhibicionista con poco amor propio y respeto de sí misma la cuál necesita la aprobación de los demás.

Las historias sin fin que también tienen falta de principio llegan a molestar a los demás porque no les dices nada con un: Otra vez me paso lo mismo, todo bien, pero sigamos adelante, gracias a dios la libre.

Si vas a publicar algún evento que te haya sucedido, te recomiendo que tengas la historia preparada, con un principio y fin, ya que de lo contrario te puedes ganar el famoso comentario de: si me vas a contar cuéntame bien, de lo contrario mejor no pongas nada.

Todo es basado con respecto a las publicaciones que algunos hacen como: …ahora ya puedo estar mejor, ya pasó lo peor ahora adelante, cada vez me va mal ni hablar; comentarios como esos son los que nos dejan con cara de what y se puede volver tedioso para los demás.

Las selfies son tema de todos los días, pero hay de selfies a selfies que debes saber, cuando sí y cuando no tomarlas; solo ten en cuenta que hay momentos que para los demás no son relevantes lo que pasa en ese momento de tu vida, por eso te doy esta pequeña lista para que evites subir la fotografías que los demás rechazan.

-Comida   -Gym   -Despertando

- En cama por enfermedad

TU MENTE HABLA Y ESCUCHA.

-Baño   -En el auto

-Momentos de seriedad (llamese funeral)

Una selfie tiene su manera de ser creada, no es solo tomar la foto y ya, lo que le da su plus a ese tipo de imágenes es lo que realmente quieres presumir.

Con esto me refiero por ejemplo a que si sales de viaje y llegas a la Torre Eiffel lo que debe de sobre salir es la torre misma, evitar que seas tú la protagonista de la fotografía, le quitara peso a la imagen que deseabas reflejar, o si gustas presumir tu vestido nuevo para esa noche de gala, créeme que puedes esperar al evento para una fotografía que te tomen en un fondo que te de apoyo visual, pero sí y sí debes evitar los trasfondos que afecten a tu imagen, como ropa tirada, muebles en mal estado o tu poster de Justin Bieber (a menos que quieras presumirlo.)

La imagen pública es un tema que es más fácil destrozar que arreglar como todo lo que sucede en tu alrededor, es complicado tratar de formar una buena reputación cuando has fallado en alguno de los de puntos vistos en este libro.

La imagen que conlleva a la reputación no es una regla en la mayaría de los casos, solo es una forma de poder encajar en el círculo donde deseas estar, una buena imagen puede entrar fácil al cerebro de tu interlocutor, pero si no manejas con detalle tus acciones podrás hacer que la opinión que tiene de ti cambie repentinamente y dejaran de verte como lo hacían ellos.

Saber manejar tu imagen con pequeños detalles y mantenerla de buen modo puede incluso abrirte más puertas, colocar un nuevo peldaño.

El cerebro ya no es un enigma como lo fue hace décadas e incluso siglos, cada vez aprendemos más de él, cada vez sabemos que es lo que le gusta y que es lo que rechaza. Conocer cómo comunicarnos con los demás y saber "escucharlo" hará que la relación con el mundo sea más placentero y menos complicado de manejar la vida que tienes frente de ti.

Desde un principio en este libro te comenté que aprenderías lo que tú quisieras aprender ya sea como hacer publicidad, como mejorar en una entrevista de trabajo, como manejar tu imagen e incluso el cómo leer a los demás con su lenguaje no verbal.

Ahora has obtenido conocimiento que desconocías hace días atrás, puedes tomar esta lectura como una herramienta más y enfrentarte a nuevas metas.

Recordar la frase *Somos lo que hacemos repetidamente, la excelencia no es un acto; es un hábito.*

Y el hábito de aprender cada vez está en ti, y como te recibí al principio de este libro aplaudiendo tu interés por aprender ahora de puedo aplaudir porque lo haz terminado.

Gracias por darte la oportunidad de ser cada vez mejor.

www.ingramcontent.com/pod-product-compliance
Lightning Source LLC
Chambersburg PA
CBHW072013230526
45468CB00021B/1311